목마름, 동경, 공허함,
그리고 안식과 행복을 찾아서

목마름, 동경, 공허함, 그리고 안식과 행복을 찾아서

발 행 일 _ 2014년 10월 1일 2쇄 2판
지 은 이 _ 진요한(팔섭)
지은이연락처 _ 888chin@hanmail.net
　　　　　　 010-8849-5359, 301-367-6544(USA)
펴 낸 곳 _ 문정기획
출판등록 _ 제97-7호
주　　소 _ 전북 전주시 완산구 화산천변4길 31-4
편집문의 _ 063)228-4959
팩　　스 _ 063)221-4959
이 메 일 _ printmj@hanmail.net

ISBN : 978-89-6887-008-8

값 : 10,000원

- 파본은 구입하신 서점에서 교환해 드립니다.
- 이 책은 저작권법에 의하여 보호를 받는 저작물이므로 무단 전재와 복재를 금합니다.

이 도서는 국립중앙도서관 출판시도서목록(CIP)은 서지정보유통지원시스템홈페이지(http://seoji.nl.go.kr)와 국가자료공동목록시스템(http://nl.go.kr)에서 이용하실 수 있습니다.

목마름, 동경, 공허함,
그리고 안식과 행복을 찾아서

진 요 한

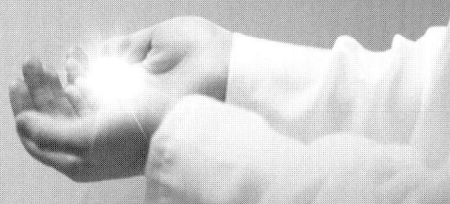

"인간은 목마름에 봉헌된 존재다. (릴케)"
"목마름을 모르는 사람은 인생을 모르는 사람이다. (괴테)"
"동경은 인생의 기본적인 실존이다. (사르트르)"

YO HAN MISSION

지구촌교회 이동원목사의 추천의 글

목마름은 모든 인간이 공유하는 문제입니다.
그 목마름을 해갈하기 위한 다양한 답변이 제시됩니다. 그래서 구도의 길은 어쩌면 더 목마른 방황일 수 있습니다. 사막보다 더 황막한 지평선을 바라보며 우리는 절망합니다. 과연 길은 있는가를 묻습니다. 이 책은 이런 저자의 구도의 방황을 보여 줍니다. 마침내 그가 찾은 성경적 해답을 제시합니다. 철학도 과학도 심리학도 아닌 복음에서 발견한 해답입니다. 진요한 목사님은 자신의 구도에서 시작한 탐구를 우리 모두의 탐구로 대신하고 있습니다.

무엇보다도 진요한 목사님은 목마름에 대하여 아주 특별합니다.
오랜 기간을 통하여 그 원인과 해결책에 대하여 고심하였기 때문입니다. 설득력과 신뢰를 받고 있는 이유입니다. 분명 이러한 시도는 쉽게 접근 할 수 있는 영역이 아닙니다. 방대한 지식은 물론 그에 따르는 삶이 요구되기 때문입니다. 그러나 그는 구도자들의 삶들을 통하여 모든 것을 간결하게 정리하였습니다. 단언컨대 누구든지 책을 접하는 순간부터 마지막까지 쉽게 놓지 못할 것입니다.

목마른 인생에서 생수를 찾는 모든 분들에게 이 책을 추천합니다. 복음의 동역 자들에게도 그리고 더불어 인생의 참된 안식과 행복에 목말라하는 세상 모든 나그네들에게도 시원한 길잡이가 될 이 책을 적극 추천해 드립니다.

시작되는 글 : 집단무의식(Collective Unconsciousness)

만족한 삶인가?

분명 만족한 삶이 되어야만 했다. 더 이상 바랄 것이 없는 좋은 환경이 되었기 때문이다. 얼마나 오래 동안 공들여 만든 환경인가? 열심히 살았던 가장 중요한 이유가 아닌가? 사랑스런 여인인 엠마(Emma), 눈에 넣어도 아프지 않는 자식들, 그리고 살기에 안락한 집도 있다. 그러나 무엇보다도 만족스런 것은 의사와 교수라는 직업이다. 성공적인 삶이 아닌가? 그런데 이상했다. 언제부터인지 모르게 마음이 불안하기 시작했다. **공허함이라는 불청객** 때문이다. 전혀 예상치 못했던 것이다. 분명 행복과 안식이 있어야 했다. 그러나 그 대신에 공허함이 몰려오고 있지 않은가? 인생이 송두리째 흔들렸다.

그러나 이렇게 무너질 수 없지 않은가?

공허함이 잦아질수록 삶에 더욱 충실했다. 의도적으로 세상이 주는 희열을 즐겼다. 그 중에 여행과 장난감 놀이는 특별했다. 그러나 이상했다. 그럴수록 공허함의 기승은 갈수록 심해졌기 때문이다. 혹시나 해서 무관심했던 것들에도 눈을 돌렸다. 심지어는 평소에 멀리했던 종교에 마음을 열기도 했다. 아니 할 수 있는 것은 다 시도하였다. 그러나 그럼에도 불구하고 공허함은 사라지지 않했다. 당황했다. 왜 세상은 이럴 때 어떻게 하라고 가르쳐주지 않는가? 혹 그동안 너무 먹고 사는 것에만 치중해서 그런 것은 아닌가?

떠나기로 결심했다.
모두 그 불청객 때문이다. 프로이드(Sigmund Freud)를 찾았다. 그가 주장하는 심리학에 희망이 보였기 때문이다. 그러나 답을 찾는 것에는 실패했다. 물론 소득이 전혀 없었던 것은 아니다. 몇 가지 일시적이고 미봉책인 해결은 찾을 수 있었다. 하지만 근본적인 해결은 여전히 미궁이었다. 따지고 보면 스승도 자신과 같은 이유로 고생하고 있음에 틀림없었다. 확신하지만 그 불청객에 때문이다. 그것으로 인해 스승은 심한 우울증을 앓고 있지 않은가?

실망감과 좌절감이 찾아들었다.
그때에 동양의 신비가 눈에 들어왔다. 동양이 보여주고 있는 고요함 때문이다. 결국 1913년에 스승과 결별하였다. 그리고는 오랫동안 힌두교와 불교에 심취했다. 그 안에서 많은 것을 배웠지만 한편으로는 짙은 의구심도 생겼다. 무엇보다도 고요함 속에 감추어진 치열한 내적인 갈등 때문이다. 그 힘든 수행 과정을 통해서 얻어지는 깨달음과 안식은 도대체 어떤 의미가 있다는 것인가? 장자가 탄식한 것처럼 더 나은 안식을 위해서 현재에 허용된 안식마저 상실하고 있기 때문이다. 그렇다고 해서 궁극적인 답을 얻는 것도 아니지 않는가? 모순이다. 힘든 고행을 통해서만 깨달음이나 안식을 얻을 수 있다면 그 자체가 모순이 아닌가? 혹 깨닫지 못했다는 증거가 아닌가? 고행하는 그 자체가 안식을 찾지 못했다는 가장 확실한 증거가 될 수 있기 때문이다. 그렇다면 고행은 구도의 길이라기보다는 일종의 방황이 아닌가?

도대체 왜 삼아승기백대겁(三阿僧祇百大劫)**이란 시간이 필요하다**는 것인가? 일반적으로 해탈(깨달음)과 열반(안식)에 접한 사람을 성불했다고 한다. 그런데 문제가 있다. 성불하려면 누구도 예외 없이 "삼아승기백대겁"이라는 시간만큼의 수행기간이 필요하기 때문이다. 수행도 고행이라 힘들지만 이론적으로는 가능하다. 그러나 문제는 시간이다. 삼아승기란 3×10의 59승이며, 백 대겁은 8천겁과 같고, 1겁은 43억 2천만년이다. 그러므로 수행하여 성불하는데 걸리는 시간만 약 1조년의 10의 61승이다. 물론 이보다 더 적게 3겁(129억 6천만년)이라고 말하는 불전도 있다. 그러나 만약 이 기간만큼 수행을 하여야만 성불할 수 있다면 도대체 그 누가 성불할 수 있단 말인가? 왜냐하면 진화론자들은 우주의 역사를 최대 약 150억년, 지구는 약 45억년, 그리고 인간의 역사는 약 200만년이라 추정하고 있기 때문이다. 최대한 양보해서 진화론자들의 주장이 맞다고 가정 하자. 그렇다고 해도 성불한 사람은 존재할 수 없다. 아니 있을 수 없다. 왜냐하면 성불하기에 너무 짧은 시간이기 때문이다. 결국 시간상으로 보면 단 한 사람도 성불한 사람이 없다는 의미다. 그렇다면 과연 인간은 성불 할 수 있다는 것인가 아니면 못한다는 것인가? 혹 인간의 노력으로는 도무지 성불이 불가능 하다는 것을 암시하고 있는 숫자가 아닌가?

혹자는 현법열반을 주장한다.

그렇다면 과연 현법열반(現法涅槃)은 가능한가? 가능하다. 분명 석가는 그렇게 말했다. 그러나 이루어질 수 없다. 이 또한 석가의 말이다. 무슨 뜻인가? 현법열반이란 "지금여기에서(ditthadhamma 딧다담마)" 즉 현세에서 열반을 성취 할 수 있다는 의미다. 물론 논쟁적인 해석이다. 그것도 불교계에서 제기된 것이다. 이론(異論)의 여지가 있기 때문이다.

그러나 현법열반을 받아들이자.

그렇게 주장하는 불교학자들도 있으니 말이다. 그런데 문제가 있다. 열반에 이르기 위해서는 20세부터 50세까지 30년 동안 쉬지 않고 수행해야 한다. 단 하루라도 쉬게 되면 무효다. 먼저는 하루에 3시간 이상 잠을 잘 수 없다. 조금이라도 넘치면 무효다. 두 번째는 하루에 한 끼의 식사만 해야 한다. 당연히 그 외에 것은 안 된다. 세 번째는 법담(法談)만해야 한다. 사담(私談)이나 그 외에 다른 말을 일체 해서는 안 된다는 묵언수행(修行默言)이다. 그것도 30년 동안 해야 한다. 어쩌다가 무심코 실수로 말을 하게 된다면 그 동안의 수행은 물거품이란다. 그렇다면 도대체 이것은 현법열반이 현실적으로 가능하다는 말인가 아니면 불가능하다는 말인가? 애매함을 떠나서 당황스럽다. 혹 그럴 리는 없겠지만 열반의 불가능성을 역으로 설명한 것은 아닐까?

실망했다.
그의 실망은 마치 조선의 최고 천재인 매월당 김시습의 실망과도 같다고 할 수 있다. 그는 유교, 불교, 노자, 맹자 그리고 주희의 주자학의 가르침에도 충실했다. 그리고 그들의 저서를 반복적으로 충실히 섭렵하였다. 심지어 그 어렵다던 주자대전(朱子大全)을 100독 이상을 반복하여 숙지하였다고 전해진다. 그러나 크게 실망하였다. 그가 원했던 진리를 찾지 못했기 때문이다. 탄식하였다. "도대체 나의 갈증을 풀어 줄 수 있는 진리는 어디에 있다는 말인가?" 그런데 이 탄식은 괴테가 "파우스트"를 통해서 했던 것과 비슷하다. "아, 나는 철학도 법학도 심지어 신학까지 온갖 노력을 다 기울여 철저히 공부를 했다. 그러나 지금 여기 서 있는 나는 가련한 바보다!" 그것도 "하늘에 있는 가장 아름다운 별을 원하며 지상에서 최상의 쾌락을 모조리 맛보고 살았던" 사람에게서 나온 탄식이니 더욱 안타깝다. 그 결과가 너무 허망하기 때문이다. 심지어 악마에게 영혼까지 팔면서 취했던 삶이 아닌가?

동양의 신비 속에 깊게 들어간 그는 당황했다.
아니 절망했다. 그곳에도 자신이 찾는 답을 찾을 수 없었기 때문이었다. 그러나 그는 아주 중요한 것을 얻게 되었다. 불청객 때문에 많은 사람들이 고생하고 있다는 사실이다. 불청객이 더 이상 자신만의 문제가 아니라 모든 사람의 공통의 문제임을 알게 된 것이다. 그는 이 불청객을 집단무의식이라 불렀다. 모든 사람들의 무의식 속에 공통적으로 존재하고 있기 때문이다. 이것은 분석심리학(Analytical Psychology)의 창시자인 칼 쿠스타프 융(Carl Gustave Jung)의 이야기다. 그러므로 집단무의식이란 것은 융의 오랜 연구의 산물이다. 단순히 실험실에서 얻어진 것이 아니라 그의 전 삶을 통해서 치열하게 얻어진 결과다.

집단무의식은 모든 인간에게 존재한다.
무의식속에 새겨진 원형(archtype)이다. 그런데 그 원형은 무엇인가를 늘 갈망한다. 언제나 목마름 상태다. 무엇 때문일까? 원형의 고향을 그리워하는 것인가? 아니면 원형의 창조자를 그리워하는 것인가? 혹은 참된 진리를 갈망하고 있는지도 모른다. 무슨 이유인지 모르지만 그것은 언제나 갈망하는 상태다. 고향을 그리워하는 갈망 때문에 물살을 차고 올라서는 연어처럼 말이다. 그런데 이 갈망은 모든 사람의 원초적인 욕구로서 무의식속에 존재한다. 예외가 없다. 그래서 집단무의식이다.

그런데 그 원초적인 욕구가 채워지지 못하면 공허함을 느끼게 된다. 혹은 목마름, 동경, 갈망, 그리움 그리고 지독한 고독함을 느끼기도 한다. 물론 잘못된 것으로 채워져도 공허함을 느낀다. 무엇인가를 성취한 후에도 공허함을 느끼게 되는 것은 잘못된 것으로 채워졌다는 의미다. 그러나 만약 그 원형이 요구하는 바른 것으로 채워지게 되면 안식과 행복을 느끼게 된다. 그렇다면 목마름, 갈망, 공허함, 그리고 안식과 행복은 원초적인 욕구에 대한 가장 직접적인 심리적 반응이 아닌가?

이런 결론을 내렸다.

집단무의식은 그 원인자를 만나기 전까지는 만족하지 못한다. 만족하지 못한 그 결과가 동경, 목마름, 갈망 등으로 나타난다. 혹은 아주 지독한 공허함과 짙은 고독감을 동반한 외로움으로 나타나기도 한다. 반면에 집단무의식이 요구하는 참된 원인자를 만나게 되면 안식과 행복을 느낀다. 물론 이것은 그의 가정(premise)이다. 증명될 때까지는 말이다. 문제는 그 참된 원인자가 무엇이냐는 것이다.

그런데 아주 심각한 문제가 있다.

많은 사람들이 이런 것을 배운 적이 없다는 것이다. 혹은 관심 밖의 일이다. 언제나 생존의 문제가 우선이었기 때문이다. 그러나 생존의 문제보다 더 심각한 것이 아닌가? 생존의 문제에만 익숙한 사람들에게 불청객이 될 수밖에 없는 이유다. 그중에서 어떤 사람들은 본능에 따라 종교에 의지하여 불청객을 해결하려고 한다. 학자들은 이런 것을 "종교적 본능(Homo Religious)"에 의지하는 삶이라 부른다. 세상에 종교가 존재하는 이유다. 그러나 문제는 여전히 존재한다. 과연 종교가 그 불청객의 문제를 해결해줄 수 있느냐는 것이다. 그러나 그렇지 않다. 세상에 많은 종교가 존재하고 있지만 그 문제를 궁극적으로 해결하여 줄 수 있는 종교는 없다. 최소한 자신이 경험된 종교 안에서는 없었다. 만약 있다면 기독교가 유일하다. 기독교가 그렇게 주장하기 때문이다. 그런데 그 주장은 너무 확실하며 강하다. 실제로 그 주장을 살펴보면 상당히 도발적인 것을 알 수 있다.

> "예수께서 이르시되 나는 생명의 떡이니 내게 오는 자는 결코 주리지 아니 할 터이요 나를 믿는 자는 영원히 목마르지 아니하리라(요 6:35)"

즉각적인 반응이다.
정말 그럴까? 물론 반론도 튀어 나온다. 그 만이 유일한 생명의 떡(I am the bread of the life)이라 주장했기 때문이다. 그렇다면 다른 사람이 주는 물을 마시는 자는 목마름을 해결할 수 없다는 말인가? 꼭 그가 주는 물을 마셔야만 하는가? 다른 방식으로 목마름을 해결 할 수 있다는 주장을 깡그리 무시하는 말이 아닌가? 만약 그렇다면 예수의 말은 분명 독선적이다. 아마도 그렇게 심한 독단적인 말을 한 사람은 역사상에 없을 것이다. 그러나 어찌하랴? 예수가 그렇게 주장하고 있으니 말이다. 아마 둘 중에 하나일 것이다. 맞든지 아니면 틀리든지? 그렇지 않다면 "다윈의 로트바일러(독일산 맹견)"로 불리는 리차드 도킨스(Richard Dawkins) 말대로 과대망상증에 걸린 사람의 실없는 소리가 될 것이다.

어떤가?

공허함의 불청객을 피할 수 없다면 이 번 기회에 그 불청객에게 주사위를 던져 보는 것은? 등잔 밑이 어둡다고 하지 않는가? 더불어 도끼자루를 깎는 법은 멀리 있지 않다는 시경(詩經)의 말도 있지 않은가? 그렇다면 진리는 가까운데 있다(道在邇)는 맹자의 말을 벗 삼아 과감하게 도전하는 것은 어떤가? 언제까지나 키에르케고르 말대로 두 얼굴을 가진 야누스처럼 "한 얼굴로 웃고 한 얼굴로 울 수"만은 없지 않은가?

목 차

시작되는 글: 집단무의식(Collective Unconsciousness) / *6*

1. 문제의 제기: 불청객의 습격 / *17*

2. 목마름, 동경, 갈망, 공허함, 그리고 안식과 행복이란 어떤 의미인가? / *29*

3. 인간은 목마른 존재다 / *39*

4. 목마름의 정체 / *49*

5. 목마른 이유: 하나님의 흔적인가? / *55*

6. 목마름의 해결: 하나님과의 만남 / *69*

7. 성경이 답이다 / *81*

리차드 도킨스의 망상 / *83*

성경은 어떻게 계시하고 있는가? / *88*

1) 하나님의 형상과 모양: 창세기 1장 26절과 27절 / *90*

2) 안식은 하나님만의 고유한 영역이다: 창세기 2장 2절과 3절 / *96*

3) 하나님을 떠난 삶이 곧 방황이다: 창 4장 6절 / *105*

맺는 말: 하나님의 형상(Image of God) / *113*

1) 하나님의 형상(Image of God) / *114*

2) 문제의 해결: 연역적 접근방법 / *119*

3) 불청객의 역할: 하나님께 인도하는 것이다 / *121*

후기: 하영과 진영에게! / *127*

1. 문제의 제기
불청객의 습격

"행복의 깊숙한 곳이야말로 절망이 가장 편안하게 머무르는 곳이다(키에르케고르)"

"나의 중심은 영원히 언제나 세상이 담을 수 있는 한계를 넘어서 어떤 것을 갈망하는 데서 오는 무서운 고통이다 (버틀란트 러셀)."

1. 문제의 제기: 불청객의 습격

불청객이 나에게도 찾아왔다.
전혀 예기치 못했던 아주 지독한 불청객이다. 오죽 했으면 프로이드는 괴기한 것으로 표현했을까? 사춘기를 통하여 몰아치듯이 찾아왔다. 동경, 갈망, 목마름, 그리고 허무함 등으로 나타났다. 버틀란트 러셀을 평생 동안 괴롭혔던 그 지독한 목마름이다. 평소에 좋아했던 그 어떤 것도 할 수 없었다. 모든 것이 무의미하였기 때문이었다. 술, 여행, 무절제한 삶, 그리고 친구들과의 어울려 희희낙락하는 것을 대신하였다. 때로는 불빛에 뛰어드는 나방처럼 무모하게 덤볐다. 그러나 고달플 때는 피했다. 의도적으로 현실이 주는 달콤함 속으로 빠져 들어가기도 했다. 그러나 멈출 수도 없었고 피할 수도 없었다. 마치 프란시스 탐슨(Francis Thompson)이 그랬던 것처럼 "천국의 사냥개"에 저항하다가 때로는 피하듯이 도망가는 삶을 살았다.

어디 그것뿐인가?

친구가 그랬던 것처럼 죽음으로 대처하려고 했다. 그러나 결과는 언제나 실패로 끝났다. 이전보다 더 큰 공허함과 허무함 속에 묻혀버렸기 때문이다. 아주 가끔 누리는 행복함도 사실은 방황이었다. 친구가 주는 행복, 가족들이 주는 행복, 물질이 주는 행복, 그리고 세상이 주었던 행복은 곧 공허함으로 변화되었다. 키에르케고르의 말대로 "행복의 깊숙한 곳이야말로 절망이 가장 편안하게 머무르는 곳"이기 때문이다. 이 때문인가? 성공의 절정에서 불안을 느끼고 쾌락의 절정에서 허무함을 동시에 느끼게 되는 것은?

철학에 빠졌다.

대학입시를 눈앞에 두고 있었지만 철학이 주는 지적 희열에 빠져 들었다. 결국 철학을 선택하였다. 철학이 좋아서가 아니다. 만약 목마름에 대한 유일한 답을 찾을 수가 있다면 그것이 철학이라고 믿었기 때문이다. 그런데 착각이었다. 더 목이 마르고, 더 고독하고, 그리고 더 깊은 곳에서 나오는 갈망과 지독한 고독함 속에 빠져 버렸다. "목마름 혹은 동경(sechnsucht)"의 올가미에 걸린 것이다. 프로이드는 이것을 인간 스스로 해결할 수 없다는 의미에서 "제6병"이라 불렀다.

프로이드는 설명될 수 없는 그 괴기한 감정 때문에 고통스러워 했다. 그는 "세상에 어딘가에 존재하는 다른 종류의 삶에 대한 갈망"일 것이라 막연하게 이해하였다. 그러나 인간의 힘으로는 해결

될 수 없다는 것을 알고는 절망하였다. 우울증의 근원이 된 셈이다. 치료를 위해서 마약을 상습적으로 복용할 정도로 증상이 악화되었다. 지난 25년 동안에 하버드에서 프로이드와 C. S 루이스에 대하여 연구하며 가르쳤던 아르만드 니콜라이(Armand Nicolai)의 교수의 평가다. 옥스퍼드대학의 교수인 루이스도 "기이하고 비밀스러운 갈망"에 부딪혔다. 그것도 주기적으로 경험하였다. 마찬가지로 그 역시 아주 지독한 우울증에 걸렸다. 그의 친구들은 켈트족의 우울증이라 불렀다. 그의 표현대로 "그 자체로 다른 어떤 만족감보다 더 바람직하게 충족되지 않는 욕망"때문이다."

가을 학기의 중간시험이 끝났다.
교정 안의 학생들을 거의 찾아볼 수 없었다. 더욱이 중앙도서관은 그랬다. 바로 몇 시간 전만 하여도 학생들로 가득 찼었던 곳이다. 그런데 이제는 적막함만이 가득 하다. 사서들마저도 볼 수 없다. 그러나 청승맞게 혼자서 책을 읽고 있었다. 아니 소크라테스, 플라톤, 그리고 아리스토텔레스와 씨름하고 있었다는 표현이 더 적합할지도 모른다. 그들의 삶, 그들의 사상, 그리고 그들이 남긴 글들에게서 헤어날 날 수 없었기 때문이다. 그러나 무엇보다도 칸트의 벽에 막혀 있었다. 그 벽은 뛰어 넘기에는 너무 높았기 때문이다. 반면에 나는 초라할 만큼 아주 미약했다. 그래서 일까? 다른 것을 할 수 있는 여유가 전혀 없었다. 이런 자신이 너무나 처량했다. 연민을 동반한 짙은 외로움, 그리고 무엇인지 알 수 없는 이상야릇한 감정 속에 잠기게 되었다. 이렇게 20대의 청춘은 가는가? 그것도 온통 회색빛으로 말이다. 그때 불현듯이 떠오르는 질문이 있었다.

그렇다면 과연 그들은 난제(aporia)와 목마름(desiderium)에서 벗어났는가?

난제와 목마름은 철학이 철학자에게 주는 궁극적인 숙제다.
어디 철학자들에게만 해당되는 숙제인가? 모두의 숙제다. 특별히 철학자라서 다른 것은 아니다. 그러나 철학자들마다 직면하게 되는 것이 있다. 그것은 인간의 이성의 힘만으로 진리를 체험할 수 없다는 깨달음이다. 난제는 그것에 대한 절망적인 표현이다. 아니 어쩌면 인간의 한계에 대한 절규가 아닐까? "건널 수 없는 거대한 강(=난제)" 앞에서의 미약한 인간의 모습에 대한 부르짖음이다. 소크라테스가 "그노티 샤우아톤(gnoti seauton 너 자신을 알라)"을 외친 이유다. 도대체 그 거대한 강 앞에서 인간이 할 수 있는 것이 무엇인가? 건널 수 없다는 것을 뼈저리게 느끼는 절망감뿐이다. 그 외에 무엇이 있겠는가? 그런데 더 절망적인 것이 있다. 난제를 뛰어 넘으려는 인간의 욕구가 좀처럼 포기되지 않는다는 것이다. 더 안타까운 것은 삶의 마지막 순간까지도 그 욕구가 지속된다는 것이다. 반면에 난제를 풀어줄 진리에 대한 갈증과 목마름은 상대적으로 그 만큼 더욱 커진다. 그래서 난제는 언제나 목마름을 동반한다.

"제행(諸行)은 필히 멸하여 없어지는 무상법(無常法)"이기에 더욱 부지런히 정진하라는 석가의 유언은 무슨 의미인가? 모든 수행은 반드시 멸한다. 그러니 더욱 정진하라는 뜻이다. 그런데 이상하다. 힘들게 쌓은 수행조차도 무너진다면 아무것도 하지 말라 혹은 아무것도 집착하지 말아야 된다는 내용의 말을 해야 이치에 맞는 것이 아닌가? 그런데 더욱 부지런히 수행에 정진하라는 것은 무슨 의미인가? 곧 헐리게 될 건물이니 부지런히 벽돌을 쌓아 올리라는 말을 하는 사람은 없을 것이다. 그러므로 단순히 헐리게 될 건물을 위해 부지런히 벽돌을 싸야 된다는 의미로 말한 것은 아닐 것이다. 그렇다면 도대체 무상함에도 수행에 정진해야 될 이유가 무엇인가? 어쩌면 제행무상(諸行無常)에도 불구하고 더욱 정진할 수밖에 없는 인간의 업(業 karma)을 벗어 날 수 없다는 것을 의도한 말은 아닐까? 그렇지 않다면 그것이 인간의 한계인 것을 알려 준 말은 아닐까? 만약 그렇다면 참으로 답답한 난제가 아닌가? 윤회(輪迴 samsara)의 수레바퀴를 결코 벗어 날 수 없다는 뜻이기 때문이다.

그 대답은 아니었다.

난제와 목마름을 해결하기 위해 그들은 모든 노력을 다했다. 모두가 당대의 천재들이다. 뛰어난 사람들이다. 그러나 그 결과는 실패다. 거의 모두가 예외 없이 절망 중에 깊은 좌절감에 빠졌다. 그래서 쇼펜하우어와 같은 철학자들은 빨리 죽는 것이 축복이라 했다. 반면에 니체, 밀러, 그리고 헤르더 같은 철학자들은 초인(Ubermensch)

을 내세워 이를 극복하려 했다. 그러나 시도는 좋았지만 결과는 언제나 그랬듯이 실패로 끝났다. 이론(理論)의 세계에서만 가능한 일이기 때문이다.

동양의 많은 구도자들 역시 도를 통하여 이를 극복하고자 하였다. 그러나 도를 닦는 그 자체가 이미 한계를 가진 존재임을 들어내고 있기에 불가능하다는 것을 뼈저리게 체험하는 것 외에는 남는 것이 없다. 그래서 시작은 진지하지만 그 끝은 언제나 무(無)로 끝난다고 탄식하고 있지 아니한가? 그 대표적인 사람이 석가다. 29세에 왕족의 신분을 버리고 참된 도를 찾아 다녔다. 그 후 약 45년 동안에 인도 각지를 다니면서 자신이 35세 때에 깨달은 것을 전하다가 80세에 "태어나는 모든 사물은 덧없으며 결국 죽는다."는 말을 남기면서 입적하였다. 공자 역시 마찬가지로 "지는 꽃잎처럼 현자는 그렇게 간다."는 말을 남기면서 죽었다. 실망함이 앞섰다. 무엇 때문일까? 혹 그들에게 무엇인가 큰 것을 기대하였기 때문에 생겨난 것은 아닐까? 그렇지 않다면 그들 역시도 난제의 굴레를 벗어나지 못했다는 것 때문에 실망한 것은 아닐까? 아니었다. 실상은 내 자신에게 실망한 것이다. 그렇게 위대한 성현들의 삶조차도 그렇다면 나 같은 사람은 말 할 필요조차도 없기 때문이다.

"**그렇다. 플라톤이여, 그대의 말이 맞았다!**"
조셉 에디슨(Joseph Addison)의 탄식이다. 자신도 별수 없다는 것을 깨닫는 순간에 튀어져 나온 고백이다. 인간은 깨진 항아리와 같기에 그 어떤 것으로도 채울 수 없다는 플라톤의 말에 그는 심하게 저항했던 사람이다. 인간에게 가장 심각한 문제는 생존의 문제가 해결 된 후에 온다는 플라톤의 말이 틀리기를 에디슨은 원했다. 그가 몰랐던 해결책이 따로 존재할 것이라 믿었기 때문이다. 아니 적어도 자신의 삶만은 다를 것이라 믿었다. 진지한 삶을 살았다. 그러나 그의 생각은 틀렸다. "이 세상에서 가장 행복한 사람은 일하는 사람, 사랑하는 사람, 그리고 희망이 있는 사람이다"란 그의 주장도 틀렸다. 반면에 플라톤의 주장은 옳았다. 채워도 채울 수 없었기 때문이다. 마치 깨진 항아리에 물을 채우는 것 같았다. 그 어느 것으로도 목마름을 채울 수 없었다. 그리고 보니 괴테의 말도 맞았다. 인간의 삶은 방황(Es irrt der Mensch, solang er strebt) 이라 했지 않은가? 인간이 무엇인가를 향해 움직이고 있다면 그 자체가 방황하고 있다는 증거라고 강변하고 있지 않은가?

그렇다면 지금의 삶은 어떤가?

혹 거짓된 삶을 참된 삶이라고 착각하며 살고 있는 것은 아닌가? 아니면 방황하는 삶을 살고 있는 것을 알면서도 애써 그 사실을 외면하고 있는 것은 아닐까? 혹은 행복하지도 않은 삶을 살면서도 스스로 행복하다고 자위하며 살고 있는 아닌가? 혹 행복하다고 자주 말하는 것은 행복하기를 원하는 마음에서 나오는 것은 아닐까? 아니면 데카르트가 지적한 대로 세상 모두가 마귀에게 미혹된 삶을 살고 있는 것은 아닌가? 그래서 실제로는 불행한 삶을 살고 있으면서도 행복하게 살고 있다는 착각 속에 살고 있는 것은 아닌가? 물론 그 반대의 질문도 마찬가지다.

유치한 질문인가?

사춘기 시절에 물어야 할 질문인가? 누구에게나 쉽게 공감될 수 있는 질문은 분명 아니다. 출세에 눈 먼 사람들에게는 소귀에 경을 읽는 것과도 같을 것이다. 특히나 먹고 살기에 벅찬 사람들에게는 사치다. 그래서 가슴 한편에서는 울컥하는 것이 솟아오를 수도 있을 것이다. 그러나 부인할 수 없는 것이 모두에게 존재한다. 행복이다. 정확하게 표현하면 행복하기를 원하는 마음이다. 그런데 여기에도 근원적인 질문이 존재한다. 그 질문을 공자의 제자가 오래전에 우리를 대신하였다.

"왜 사는가요?"

"행복하기 위해서다." 제자가 다시 물었.
"그렇다면 행복이란 무엇인가요?"
"행복이란 없다. 다만 행복으로 가는 그 길이 행복이다."

기가 막힌 말이 아닌가?

그러나 답답하다. 공자가 답답한 것이 아니라 그의 말이 사실이기 때문이다. 공자가 누구인가? 시대를 초월하여 존경받는 분이 아닌가? 감히 누가 그의 말에 토를 달 수 있을까? 플라톤에 반감을 가졌던 조셉 에디슨처럼 도전할 수 있을까? 그런데 그중에서도 뛰어져 나오는 질문은 어쩔 수 없다.

행복이 없다는 것을 알면서도 왜 행복해지려는 것일까?

혹 그렇다면 지금은 행복하지 않다는 말인가? 아니면 조금 더 노력하면 행복질 수 있다는 것인가? 그렇지 않다면 철학자 쇼펜하우어의 말처럼 "인간은 결코 행복해 질 수 없지만, 그러나 자신을 행복하게 해 줄 수 있다는 생각 속에서 전 생애를 보내고 있는 것인가?" 만약 그의 말이 사실이라면 슬픈 일이다. 행복을 추구하지만 그 누구도 누릴 수 없기 때문이다. 혹 인정하고 싶지 않지만, 그리고 받아들이고 싶지 않지만, 어느 철학자의 말대로 "행복은 결코 도달할 수 없는 실체가 없는 목표"가 아닌지 의심 된다.

석가는 "열반을 통해서 살아생전에 최고의 행복을 맛 볼 수 있다"

고 주장했다. 그렇다면 그 행복은 존재하지 않다는 말과 같다. 열반의 어려움에 비쳐본다면 말이다. 설사 열반이 가능함을 받아들인다 하여도 모순이다. 자체가 지니고 있는 모순 때문이다. 즉 "열반을 통해서 행복을 맛 볼 수 있다는 말" 그 자체는 답이 될 수도 있지만 동시에 문제를 품고 있다. 만약 그의 말이 사실이라면 행복은 아무런 느낌도 될 수 없다. 이미 열반했기 때문이다. 그렇다면 그것이 어떻게 행복이 될 수 있는가? 어떻게 아무런 느낌이 없는데 행복이라 말 할 수 있는가? 혹자는 열반은 항상 행복한 것(常樂)이라고 주장한다. 실제로 그렇게도 가르치고 있다. 그렇다 하더라도 항상 행복한 것은 항상 고뇌를 벗어난 상태를 의미하기 때문에 더 큰 모순성을 야기 시킨다. 행복이란 고뇌에 대한 상대적인 말이 아닌가? 고뇌가 없다면 행복도 없다는 불자의 말은 어떻게 설명할 것인가? 그러나 무엇보다도 "아무런 느낌이 없는 그 자체가 어떻게 행복함이 될 수 있느냐"라는 불자들의 계속되는 질문은 피할 수 없을 것이다.

설사 열반을 통해서 행복을 누릴 수 있다고 하더라도 문제다.
최소 30년, 혹은 최대 1조년의 10의 61승(삼아승기백대겁) 동안의 수행을 통해서만 얻어지는 행복이기 때문이다. 과연 그렇게 엄청난 고행을 통해 얻어진 것을 행복이라 할 수 있을까? 행복이란 단어와는 거리가 있어 보인다. 장자의 표현대로 "자유를 갈망하면서 그 자유를 상실한 것"이 고행이기 때문이다. 차라리 열반을 포기하고 사는 것이 더 행복하지 않을까? 물론 그 자체적으로 어떤 혜안을 가지고 있을 것이다. 분명 그럴 것이다. 그러나 그렇다하더라도 불자들에게는 난제 중에 난제가 될 것이다. 왜냐하면 열반(행복)으로 가는 고행은 포기 될 수 없기 때문이다.

그렇다면 혹 이런 전제는 어떤가?
진정으로 행복을 찾고자 한다면 말이다. 모두에게 불청객이 존재한다. 그런데 삶의 중압감 때문에 무시하며 살아간다. 심지어 어떤 사람들은 이 사실조차도 모르면 살아간다. 구체적으로 배운 적이 없기 때문이다. 반면에 어떤 사람은 날마다 불청객과 씨름한다. 이 불청객은 동경, 갈망, 목마름, 그리고 공허함이다. 일단 모두 같은 의미로 받아들이자. 그리고 안식과 행복을 누리지 못하는 가장 근본적인 원인을 불청객 때문이라고 단정하자. 이렇게 되면 자연스레 이런 질문도 생겨날 것이다. 우리 모두의 질문이다. 도대체 왜 그러지? 왜 목마르지? 왜 공허하지? 왜 행복은 지속되지 못하지? 왜 만족하고 싶은데 만족하지 못하지? 왜 더 나은 행복을 계속하여 찾고 있지? 왜 원하는 것만큼 안식을 누리지 못하지?

그래서 일까?

마침내 그 불청객이 일을 저질렀다. 학교를 떠나게 했다. 어디 학교뿐인가? 세상조차도 떠날 수 있었다면 그랬을 것이다. 물론 어디로 가야 할지 모르는 떠남이다. 무엇을 얻기 위함도, 그렇다고 무엇을 포기하기 위함도 아니다. 그러니 떠나지 않아도 상관없는 떠남이다. 어차피 산다는 것이 방황이라면 어디로 간들, 혹은 있는 자리에 머무른들 무슨 상관인가? 그러나 냉정한 시각으로 보면 그 떠남에 이유가 있었다. 살펴보았다. 그리고 결론을 내렸다. 목마름이며 동경이며 갈망이었다. 혹은 이렇게 표현할 수도 있다. 공허함이며 허무함 때문이다. 아니 막연하게나마 조셉 에디슨의 말대로 안식과 행복을 추구하기 위한 것은 아닐까? 그렇지 않다면 헤세가 찾고 있었던 "어디엔가"에 존재하고 있는 "몸 풀고 쉴 곳이 있는 영혼의 고향"을 찾기 위함일 것이다.

2. 목마름, 동경, 갈망, 공허함, 그리고 안식과 행복이란 어떤 의미인가?

"충족되지 않는 갈망, 어떤 만족감보다 그 갈망 자체를 더 갈망하게 만드는 갈망"이라 루이스는 설명한다. 이 감정은 어느 순간에 우리 안에서 불같이 나타났다가 한순간에 사라지기도 한다. 그러나 주기적으로 찾아와서 삶의 리듬을 흔들기도 한다.

공허함이란 안셀름 그륀의 표현대로 동경, 갈망, 그리고 목마름에 대한 부정적인 표현이다. 채워지지 않는 목마름의 상태가 곧 공허함이기 때문이다.

안식과 행복이란 목마름, 동경, 그리고 갈망에 대한 완성이며 채워짐이다.

"가련한 사람은 동경을 이루지 못한 사람이 아니라 동경이 무엇인지 모르는 사람이다(마리 폰 에브너 에센바흐)."

2. 목마름, 동경, 갈망, 공허함, 그리고 안식과 행복이란 어떤 의미인가?

목마름, 동경, 그리고 갈망의 단어들이 주는 공통적인 의미는 무엇일까? 무엇인가를 간절하게 혹은 애타게 바란다는 뜻이다. 특별히 독일어 젠주후트(sechnsucht)가 그렇다. 직역하면 목마름, 혹은 동경, 갈망, 그리고 간절한 그리움이다. 사전적인 의미는 어떤 것을 간절히 그리워하며 그것만을 병적으로 생각함이다. 라틴어 데시데리움(desiderium)은 원래 갈망, 열망, 그리고 목마름을 의미한다. 가지지 못한 어떤 것에 대한 불타는 목마름이다. 헬라어 에피티미아(epithymia)도 같은 의미다. 특히 에피티미아의 어근은 연기 향기, 바람이라는 뜻의 티모스(thymos)이다. 향기는 잡을 수 없다. 보고 만질 수 있는 것이 아니기 때문이다. 에피티미아가 주는 의미는 목마름은 목마름인데 채워질 수 없는 목마름이다.

루이스는 이것을 좀 더 쉽게 풀었다.
"충족되지 않는 갈망, 어떤 만족감보다 그 갈망 자체를 더 갈망하게 만드는 갈망"이라 하였다. 프로이드의 표현대로 인간의 이성으로 설명될 수 없는 기이한 갈망이다. 그런데 이 감정은 어느 순간에 우리 안에서 불같이 나타났다가 한순간에 사라지기도 한다. 그러나 주기적으로 찾아와서 삶의 리듬을 철저하게 망가뜨리는 감정이다. 조금 더 구체적으로 표현하자면 다음과 같은 감정을 포함시킬 수도 있다. 물론 목마름 감정과 비교하면 아주 미약하다. 초기의 감정이기 때문이다. 짙은 안개 속에 가려진 것 같이 모호하게 나타나지만 그러나 무시할 수 없는 감정이다. 무방비 상태에서 튀어 나오는 감정이기 때문이다. 공통적인 것은 팽팽한 삶 속에서 긴장감이 잠시 풀어지는 순간에 뛰쳐나오는 감정이다. 그래서 오히려 원시적이며 순수한 감정이다. 무의식속에서 나오는 감정이기 때문이다.

"무더운 여름날, 비오는 날에 낮잠을 자다가 문득 깨어난 후에 느끼게 되는 감정,

지독하게 술 취한 다음날 아침에 깨어날 때의 감정,

한밤중에 잠에서 깨어날 때 마음을 파고드는 이상야릇한 감정,

격정적인 밤을 보내고 난 후에 마음을 파고드는 감정,

성취된 후에 오는 공허함 등과 같은 감정,

모든 공연이 끝난 후에 배우들이 공통적으로 느끼게 되는 감정,

최정상에 올라선 직후에 성취감과 동시에 허전함을 느끼게 되는 감정,

문득 실패한 삶을 살고 있는 것은 아닌가에 대한 감정 혹은 인생에 실패했다는 자괴감을 불러 일으키는 감정,

무엇인가에 집중하지 아니하면 불안함을 느끼는 감정,

문득 문득 고향을 그리워하는 감정."

이런 비슷한 종류의 감정들을 겪어 본 적이 있는가?
물론 자신만의 독특한 감정들을 경험해 본적이 있을 것이다. 그러나 조금만 깊게 생각한다면 이런 감정들의 발전된 상태가 목마름, 동경, 그리고 갈망임을 알 수 있다. 최소한 목마름과 연관된 감정들임은 부인 할 수 없을 것이다. 그러나 목마름이라는 단어는 어떤 사람들에게는 여전히 적절한 단어가 될 수 없을 것이다. 그 표현의 적합성 때문이다. 하지만 한 가지 확실한 것이 있다. 어떤 단어를 사용하더라도 "어떤 만족감보다 그 갈망 자체를 더 갈망하게 만드는 감정"이라는 것이다. 이런 감정을 모두 포함시켜 목마름이라 표현하자.

공허함이란 안셀름 그륀의 표현대로 동경, 갈망, 그리고 목마름

에 대한 부정적인 표현이다. 목마름을 잘못된 것으로 채웠을 때 즉각적으로 느껴지게 되는 심리적인 상태다. 혹은 채워지지 않는 목마름의 상태가 곧 공허함이다. 그래서 공허하기 때문에 무엇인가를 계속 갈망하고 목말라 하는 것이다.

그리고 안식과 행복이란 목마름, 동경, 그리고 갈망에 대한 채워짐이다. 안식과 행복이란 목마름, 동경, 그리고 갈망에 대한 완성이라 할 수 있다. 그것은 목마름의 완성이 곧 안식과 행복으로 나타나기 때문이다. 즉 안식과 행복함을 느끼지 못한 마음의 상태가 동경, 갈망, 그리고 목마름이다. 이런 의미로 하이데거는 앙스트(Angust 불안)란 단어를 사용하였다. 앙스트란 무엇인가 잘못된 것임을 즉각적으로 알려주는 심리적인 신호다. 방황하고 있는 삶을 살고 있는지 아니면 행복한 삶을 살고 있는지를 알려 준다. 물론 의지가 개입되기 전에 자연적으로 발생하는 내적인 감정이다.

마지막으로 "추구함"이란 "본능적인 욕구인 목마름"과 관계된 언어다. 의도적으로 안식과 행복을 추구하는 것도 사실은 본능의 욕구 때문이다. 반대로 안식과 행복을 추구하는 삶을 살지 않는다는 주장에 대한 반론이다. 그중에 어떤 분은 현실의 먹고 사는 문제 때문에 안식과 행복을 추구하는 삶을 살 수 없다고 생각한다. 물론 물질적인 성공을 추구하며 살아가는 사람에게도 마찬가지다. 그리고 어떤 분은 현실의 삶에 만족하고 있다고 말하는 사람도 있다. 그러나 이런 분들도 안식과 행복을 추구하는 본능에서 벗어날 수 없다. 왜냐하면 목마름을 추구하는 삶을 실질적으로 살고 있기 때문이다. 다만 그 사실을 모를 뿐이다.

마리 폰 에브너 에셴바흐(Marie Von Ebner Eschenbach)의 말이다. "가련한 사람은 동경을 이루지 못한 사람이 아니라 동경이 무엇인지 모르는 사람이다"라 했다. 그녀는 동경이 없는 사람은 인생을 모르는 사람이라고 확신한다. 설사 동경을 그리워하며 추구하는 삶을 살지 않는다고 해서 내면의 갈망이나 동경 등은 없어지지 않기 때문이다.

키에르케고르는 이런 관점에서 사람의 종류를 세 부류로 나눈다. 먼저는 주어진 환경 속에서 성실한 삶을 살고 있는 사람들이다. 목마름의 욕구를 현실의 삶에서 적절하게 제어한다. 그것도 가장 적당한 선에서 타협한다. 그러나 현실의 삶이 먼저다. 먹고 사는 것이 중요하기 때문이다. 그 중에 성공된 삶은 더욱 중요하다. 그래서 목마름에 결코 이끌리지 않는다. 아니 때로는 목마름을 하찮게 여긴다. 혹 인정한다하더라도 현실의 삶이 언제나 우선이다. 그러나 실상은 착각된 삶이다. 그렇다고 해서 목마름은 없어지지 않기 때문이다. 결국 현실이 주는 일시적인 안락함 때문에 참된 안식과 행복을 모른 채 살아가는 사람이다.

두 번째 부류는 의도적으로 안식과 행복을 추구하는 삶을 지향하고 있는 사람들이다. 출세하고 성공하는 삶보다는 안식과 행복을 가장 중요시한다. 그래서 인본주의적인 삶, 가정의 가치를 소중하게 여기는 삶, 윤리적인 삶, 예술적인 가치를 추구하는 삶, 그리고 인간의 보편적인 가치를 귀하게 여기는 삶을 추구한다. 그러나 실패된 삶이다. 사람들 앞에서는 웃으며 행복한 체 하지만 실제로는 안식과 행복을 누리지 못하기 때문이다. 글자 그대로 한 얼굴로는 웃고 한 얼굴로는 우는 삶을 살고 있기 때문이다.

세 번째 부류는 안식과 행복을 추구하지만 그것이 이루어지지 않는다는 사실을 이미 알고 있는 사람들이다. 그러나 그럼에도 불구하고 어쩔 수 없이 의도적으로 안식과 행복을 추구하며 살아간다. 구도자의 삶이다. 예술가의 삶도 예외는 아니다. 플라톤은 "에로스"라는 신화를 통하여 이런 인간의 모순적인 삶을 전하였다. 파랑새 신드롬의 근원이다.

에로스는 부유한 신인 포로스(Poros)와 가나안 여신인 페니아(Penia) 사이에 태어났다. 늘 부요함을 추구하지만 한편으로는 가난함을 동시에 느끼며 살아야만 하는 존재다. 그가 최초로 눈을 돌린 것은 육신의 쾌락이다. 당대의 최대의 미의 여신인 아프로디테를 정복한다. 혼신의 힘을 다하여 간신히 그녀의 마음을 사로잡아 욕망을 채웠다. 그러나 그 채워짐의 절정의 순간에 공허함을 느끼게 된다. 그래서 그녀를 떠난다. 다음에는 세상에 아름다운 것들을 소유하여 행복하려고 한다. 그러나 막상 자신이 보기에 세상의 모든 아름다운 것들을 소유한 순간에도 허무함을 느끼게 된다.

왜냐하면 부요함과 가난한 여신 사이에서 태어난 존재이기 때문이다. 즉 중간적인 존재이기 때문이다. 이번에는 윤리적인 것, 문화, 그리고 예술적인 것 등을 통하여 만족하려고 한다. 그러나 그 역시도 실패한다. 그 다음에는 철학자와 같은 구도자의 삶을 추구하며 살아가지만 마찬가지로 실패한다. 아니 실패할 수밖에 없다. 왜냐하면 중간적인 존재이기 때문이다. 마지막 단계로 종교적인 삶을 살면서 안식과 행복을 추구하며 살려고 한다. 그러나 거기에서도 실패한다. 왜냐하면 그에게는 각기 다른 두 개의 본능이 언제나 공존하기 때문이다. 부요함에 대한 갈망과 가난함에서 오는 배고픔이다.

에로스 신화, 파랑새 신드롬, 시지프시 신화, 그리고 탄탈로스 신화 등이 주는 메시지가 있다. 행복을 찾고 안식을 누리려 하지만 그렇지 못한다는 메시다. 철학자 에른스트 블로흐(Ernst Bloch)는 "희망"이라는 단어를 통하여 이런 인간의 특성을 적절하게 표현했다. 그에게 있어 희망은 "아직 아닌 존재"다. 그런데 그 희망은 반드시 환멸을 동반한다. 그래서 실망한다. 그러나 그 환멸 속에서 다시 희망을 찾을 수밖에 없는 것이 인간의 삶이다. 왜냐하면 인간은 무언가를 갈구하며 살 수밖에 없는 필연적인 특성 때문이다. 또 하나의 아주 중요한 메시지가 있다. 바로 그러한 이유 때문에 **인간은 목마른 존재**라는 것이다.

여기서 질문이 생긴다.

도대체 왜 사람들은 안식과 행복을 추구하며 사느냐는 것이다. 그것도 죽어가는 마지막 순간까지다. 엘리자베스 퀴블러 로스(Elisabeth Kubler Ross)의 연구에 의하면 죽어가는 마지막 순간까지도 행복을 추구하는 삶을 포기하지 않는 것으로 밝혀졌다. 그녀는 미국의 각 병원에서 죽음을 앞둔 500명의 환자들의 정신과 진료와 상담을 하였다. 그 결과를 『죽음과 죽음의 순간(On Death and Dying)』이라는 책으로 발표하였다. 연구 중에 발견된 아주 중요한 것이 있다. 인간의 내면에는 갈망하는 어떤 것이 존재하고 있다는 것이다. 그녀는 이것을 행복해지기를 원하는 것으로 해석하였다. 죽어서 천국에 갈 수 있다는 희망을 품은 이유다. 혹은 마지막 순간에 후회하는 것도 마찬가지다. 모두 행복에 대한 미련 때문이다.

결국 인간은 죽을 때까지 행복을 포기하지 않는다.

그렇다면 왜 인간이 행복을 추구하며 사느냐에 대한 답은 왜 인간이 목마르냐에 대한 답인 셈이다. 그 때문일까? 시인인 릴케(Rainer Maria Rilke)는 **인간은 목마름에 봉헌된 존재**라고 불렀다. 같은 의미로 실존주의 철학자인 사르트르에 있어서는 "목마름은 인생의 기본적인 실존"이다. 괴테는 더 과격하다. "목마름을 모르는 사람은 인생을 모르는 사람이다."고 했다. 심지어 블로흐는 "목마름이 없다면 인간도 아니다"는 말을 했다. 처음 듣는 말인가? 아니면 생소한 말인가? 그것도 아니면 자신과는 여전히 상관이 없는 말인가? 그런데 만약 저들의 말이 사실이라면 어떻게 해야 할까? 물론 틀리면 아무런 문제가 없지만 말이다. 그렇다면 질문을 해 보자. 과연 그런가? 아니면 목마름은 몇몇 예민한 사람에게만 해당 되는 것인가?

3. 인간은 목마른 존재다

"만족할 수 없어, 만족할 수 없어. 노력하고, 노력하고, 노력하고, 노력해도 만족할 수 없어, 만족할 수 없어.(롤링 스톤즈)"

"목마름은 인간의 기본 실존이다(장 폴 사르트르)."

"우리는 목마름(동경)에 봉헌되었다(릴케)."

"인간은 무언가를 동경하는 아련하면서도 눈물 어린 염원의 감정을 가지고 있다(매튜 아놀드)."

3. 인간은 목마른 존재다

인간은 목마른 존재인가?

그렇다. 인간이란 존재는 목마른 존재다. 혹은 목마른 존재가 곧 인간이라 해도 과언이 아니다. 그래서 일까? 넬리 작스는 "인간이라는 것은 결국 목마름으로 가득한 존재"라고 했다. 심지어는 블로흐처럼 목마름이 없다면 인간이 아니라는 주장도 감히 한다. 더 이상 특별히 유명한 철학자나 구도자의 말을 인용할 필요도 없다. 인간의 한평생 삶은 그 자체가 목마름을 해결하기 위한 삶의 여정이다. 그래서 인류의 역사가 시작된 이래로 철학, 종교, 예술, 그리고 모든 문화적인 활동의 근원이 되는 주제가 되어왔다. 물론 어떤 사람들은 이 사실을 쉽게 받아들이지 못한다. 그러나 받아들이지 못한다고 해서 부인되는 것은 아니다. 누군가의 말대로 단지 자각하지 못할 뿐이다. 문헌을 통해서 살펴보자. 얼마나 많은 종교가, 철학자, 구도자, 그리고 예술가들이 목마름에 대하여 고심하여 왔는지를 알 수 있게 될 것이다. 물론 여기에 적힌 것은 극히 일부분이다. 조족지혈(鳥足之血), 아니 우족지혈이라 표현해도 상관없을 만큼 아주 적은 부분이다.

고대 그리스의 점토판에 새겨진 문서다.

밀교문헌(Petelia Tablet)이다. 문자가 생긴 후에 최초로 기록된 문헌 중에 하나다. 그중에 일부다.

"보십시오,
지금 저는 목이 말라 죽어가고 있습니다. 제게 이 기억의 호수에서 흐르는 시원한 물을 주십시오.(And lo, I am parched with thirst and I perish. Give me quickly the cold water flowing forth from the lake of memory.)"

플라톤의 깨달음이다.

그에게 있어 인간은 목마른 존재다. 그러나 채워지지 않는 목마름이다. 채워도 채워지지 않는다. 마치 깨진 항아리에 물을 붓는 것과 같다. 그 깨달음이 에로스라는 신화로 전해진다. 노벨문학상 수상자인 카뮈(Albert Camus)에게는 모순으로 나타난다. 그의 표현대로 인간의 삶은 부조리(absurdity)하기 때문이다. 그 어떤 것으로도 목마름을 채울 수 없다는 것을 이미 인간은 알고 있다. 그러나 모순되게도 희망을 가지고 계속 채우려한다. 마치 커다란 바위를 전력을 다해 산 정상에 올리고 있는 시지프스(Sisyphus)의 삶과 같다. 그러나 그는 알고 있다. 정상에 올라가게 되면 바위는 다시 맨

밑으로 굴려내려 간다는 것을. 그리고 다시 올린다. 목마름을 채우기 위한 인간의 헛된 시도를 풍자한 것이다. 얼마나 부조리하며 모순적인 삶인가?

고대 그리스 신화에 나오는 탄탈로스도 별반 차이가 없다.
그는 신들의 왕으로부터 물속에 서 있는 벌을 받았다. 그러나 목이 말라 물을 마시려고 허리를 구부리면 물은 달아난다. 얼굴 높이에 있는 나무에는 많은 과일들이 달려 있다. 막상 배고파서 따 먹으려 하면 그에게로부터 멀어진다. 이처럼 물을 마실 수 없고 과일도 먹을 수 없다. 물론 그는 이런 자신의 현실을 너무나 잘 알고 있다. 형벌이기 때문이다. 그러나 그는 끝임 없이 물을 마시려 시도한다. 과일도 따 먹으려 한다. 목마르고 배고프기 때문이다. 그러나 마실 수도 없고 먹을 수도 없다. 인간이 얼마나 목마름 존재인지를 상징하여 주는 신화다. 더불어 인간은 평생토록 목마름을 채울 수 없다는 메시지다. 이 신화에서 나온 영어가 바로 "텐터라이즈(tantalize)"다. 그 의미는 무엇을 애타게 하여 괴롭힌다는 뜻이다.

롤링 스톤즈의 히트곡 중에 나오는 가사다.

"만족할 수 없어, 만족할 수 없어.
노력하고, 노력하고, 노력하고, 노력해도 만족할 수 없어, 만족할 수 없어."

한국에서 왕성하게 활동하고 있는 어느 가수의 노랫말이다.

"채우면 채울수록 왜 빈 공간은 더 커지는지
가까이 하면 갈수록 왜 점점 더 멀어지는지
마음이 뭘 원하는 건지 왜 나도 모르는지
부지런히 찾고 찾아보지만"

어찌 두 가수들만의 문제일까?
헤아릴 수 없는 많은 가수들이 동일한 주제를 가지고 노래하였다. 뿐만 아니다. 문학작품도 마찬가지다. 특히 고전적인 소설, 그림, 그리고 시도 마찬가지다. 릴케의 시를 예로 들어보자.

"이것은 나의 싸움이다
매일매일 동경하며 방랑하기
강하고 넓게, 수천 개의 뿌리를 가지고
삶으로 깊이 들어가기…"

그에게 있어서 인간의 삶이란 매일매일 목마름 속에서 사는 것이다. 그런데 더 안타까운 것은 그런 삶에서 결코 벗어날 수 없는 것이다. 그래서 탄식한다. **"우리는 목마름(=동경)에 봉헌되었다."**

매튜 아놀드는 이렇게 탄식한다.

"하지만 종종 세상의 가장 분주한 거리에서,

하지만 종종 소란한 분쟁 속에서,
우리의 묻혀 진 삶에 대한 지식을 추구하는
말할 수 없는 욕구가 솟구쳐 오른다.
우리의 열정과 뜰 든 힘을 다 써서라도
우리의 참되고 본래적인 근원을 찾아가고자 하는 갈망이 있다."

장 폴 사르트르는 프랑스 철학자며 실존주의 작가다.
삶 중에서 가장 그를 아프게 하는 것이 있다. 채워지지 않는 목마름 때문이다. "예민한 사람은 이런 저런 이유가 아니라 단 한 가지 이유 즉 이 세상에서는 그 무엇도 자신의 목마름을 채워주지 못한다는 사실 때문에 고통을 받는다."고 했다. 그에게 있어 가장 깊은 고통은 상처와 실망이 아니다. 성공과 실패에 대한 삶에서 오는 것도 아니다. 그것은 이 세상 어떤 것으로도 충족되지 않는 목마름 때문이다. 그에게 있어서 **목마름은 인생의 기본적인 실존**이다. 고독, 거부, 질병, 미움, 질투, 투쟁, 성공, 그리고 사랑과 보호 등의 근본적인 이유는 목마름이 성취되지 못했기 때문에 발생하는 것이다. 목마름에 대한 역 반응이다. 그래서 그에게 있어서는 세상에 존재하고 있는 모든 고통과 아픔은 목마름을 만족시키지 못하고 있다는 증거다.

독일이 낳은 천재적인 작가 괴테의 시다.

"목마름을 아는 자만이

내 괴로움을 안다!
모든 기쁨과
결별하고 혼자서,
하늘 이곳저곳을 쳐다본다.
아! 나를 사랑하고, 나를 아는 이가
이 세상에 있구나
내 마음이
어지럽다, 타 오른다
목마름을 아는 자만이
내 괴로움을 안다!"

괴테는 "인간은 노력하는 한 방황 한다"는 말을 했다.
인간이 노력하는 그 자체가 방황하고 있다는 의미다. 동시에 그 증거다. 노력하는 동안에 많은 시행착오를 겪는다. 물론 실수도 한다. 그럼에도 불구하고 왜 노력할까? 그 자체가 목마른 존재이기 때문이다. 그렇다면 현재의 삶에서 자족하려는 삶은 어떤가? 엄밀하게 말하면 그것 역시 방황하는 삶에 불과하다. 자족한다는 의미가 무엇인가? 자족한다는 삶이란 무엇을 이루기 위해서 현실과의 타협이다. 일종의 포기하는 삶이 아닌가? 그러나 그렇게 산다는 것도 쉽지 않다. 단지 그렇게 산다고 자족할 뿐이다. 이런 사람들을 에셴바흐에게는 "가련한 사람"이다. 왜냐하면 동경을 이루지 못했기 때문이 아니다. 동경이 무엇인지 모르기 때문이다. 그래서 감히 그녀는 이렇게 확신한다. "동경이 없는 사람은 인생을 모른다." 그러나 동경을 그리워하며 추구하는 삶도 별 수 없다. 채울 수 없기 때문이다. 그렇다고 인간의 내면에 내재된 갈망이나 동경 등은 쉽게 없어지지 않는다. 왜 그럴까? 인간 존재 그 자체가 목마름 존재이기 때문이다.

철학자 에른스트 블로흐가 90세를 맞이하는 생일에 기자를 통하여 이런 말을 했다. "지금까지 살아오면서 확신하는 것이 있다. 동경이다. 그것은 인간이 지닌 단 하나의 정직한 성품이다." 그에게 있어서 동경은 실제로 인간에게 있는 가장 정직한 성품이다. 동경은 거부하거나 부인하여도 혹은 피하여도 없어지지 않는다. 동경은 없어질 수 있는 것이 아니기 때문이다. 그래서 동경은 언제나 인간 안에 존재한다.

에르네스토 카르데날(Ernesto Cardenal)에 있어서 동경은 모든 사람에게 존재한다. 채워지지 않는 갈망이 모든 사람에게 존재하기 때문이다. 그는 인간의 모든 시작은 동경 때문에 이루어진다고 믿는다. 뿐만 아니라 인간은 동경과 함께 완성된 길을 갈 수 있다고 생각한다. 그래서 그는 감히 선언한다. "동경이 없다면 인간도 아니다." 부연하여 설명한다. "모든 민족의 아이들과 노인들, 어머니들과 사랑에 빠진 여자들의 눈, 경찰과 공무원의 눈, 모험가와 살인자의 눈, 혁명가와 독재자의 눈 그리고 성직자의 눈, 이 모든 눈에는 채워지지 않는 갈망의 비밀스런 불꽃이, 깊은 심연이, 무한한 행복과 기쁨과 끝없는 소유의 갈증이 동경 속에 살고 있다."

매튜 아놀드는 그의 책 『켈트족 문학에 대한 연구』에서 이런 주장을 했다. "인간은 무언가를 동경하는 아련하면서도 눈물 어린 염원의 감정을 가지고 있다." 물론 그의 오랜 연구의 결과다. 책의 중심 주제이기도 하다. 켈트족 문학을 통해서 본 인간의 본성이다. 그 염원은 짙은 안개 속에 가려진 것 같이 모호하게 나타난다. 그러나 때로는 불같이 나타나기도 한다. 삶에 동요를 일으킬 정도다. 지적인 열정도 자극한다. 그래서 참된 삶, 그리고 삶의 목적에 대하여 생각하게 한다. 그리고는 질문을 던진다. 우리들의 질문이기도 하다.

그렇다면 도대체 이러한 목마름의 정체는 무엇인가?

4. 목마름의 정체

"충족되지 않는 갈망"
"어느 순간에 불같이 나타났다가 한순간에 사라지는 감정", "태생적인 데시데리움", "인간 모두에게 존재하는 신적 정신", "인간의 힘으로 치료 할 수 없는 제6병", "기이하고 이상스런 비밀스러운 동경", "집단무의식", "종교적인 본성", "신 의식", "불성(佛性)", "경이의 감각", "인간의 제6감", "경험의 가장자리", "섬세한 감정", "영구전자회로", "하나님의 흔적" "하나님을 찾아가게 하는 이정표".

4. 목마름의 정체

정직하고 냉철하게 우리의 삶을 살펴보자.
마음 깊은 곳에는 무언가를 찾고자 하는 목마름(=동경, 갈망, 그리움)이 자리 잡고 있음을 알 수 있다. 옥스퍼드 출신의 C. S 루이스는 이러한 목마름의 정체를 "충족되지 않는 갈망"이라 했다. 어느 순간에 불같이 나타났다가 한순간에 사라지는 그 감정이다. 토마스 아퀴나스는 이런 감정을 "태생적인 데시데리움(desiderium natural)"이라 불렀다.

라틴어 데시데리움은 가지지 못한 어떤 것에 대한 불타는 동경이다. 이런 욕구는 모든 인간에게 존재한다. 심리학자인 프로이드에게 있어서는 인간 모두에게 존재하는 "신적 정신(divine spirit)"이다. 그는 이런 현상은 인간의 힘으로 치료 할 수 없다는 의미로 "제6병"이라 불렀다. 우주에 어떤 것으로도 설명할 수도 없고 인간의 힘으로 해결할 수 없기 때문이다. 반복적으로 나타나는 "기이

하고 이상스런 비밀스러운 동경"이라고 설명하였다. 한 때 그의 제자였던 칼 융에 있어서는 "집단무의식"이다. 인간의 무의식 세계에 존재하는 원형이기 때문이다. 그의 표현대로 인간의 모든 마음속에 보편적으로 존재하며, 시간과 공간을 초월하여 가장 원초적인 행동을 일으키는 씨앗이다.

넓은 의미로는 이데아(idea)와 에이프리오리(a priori)도 포함된다고 칼 융은 해석한다. 이 개념은 플라톤, 아리스토텔레스, 그리고 칸트에 있어서 아주 중요한 개념들이다. 특히 에이프리오리는 모든 사람들의 마음속에 내재된 것이다. 경험을 통한 지식보다는 앞선 것이다. 그런데 왜 그것이 선 경험적인지는 설명이 불가능하다. 물론 단순히 선천적인 지식만을 의미하는 것은 아니다. 아리스토텔레스나 칸트에게 있어서 그것은 설명이 불가능하다. 인간의 마음속에 내재되어 있는 공간적인 영역이기 때문이다. 그래서 일까? 다소간의 무리함에도 불구하고 융에게 있어서 그 영역은 집단무의식이다.

종교철학자들에게 이 영역은 "종교적인 본성(Homo Religious)"이다. 원시인에게도 그리고 현대인에게도 종교가 존재하는 이유다. 인류역사가 시작된 이래로 종교가 없었던 시기는 단 한 번도 없었다. 다만 그 형태가 다를 뿐 종교는 언제나 존재하였다. 인간의 마음속에 새겨진 종교적인 본능 때문이다. 이 본성이 존 칼빈에게 있어서는 인간의 마음 판에 새겨진 "종교의 씨(seed of religion)"로서 "신 의식(the Sense of Deity)"이다. 하나님이 인간을 창조 할 때 자기의식을 마음속 깊은 곳에 새긴 의식이다. 우상숭배가 발생할 수밖에 없는 이유다. 그래서 일까? 우상숭배는 그 자체로 신의식에 대한 부인할 수 없는 확실한 증거라고 칼빈은 주장한다. 왜냐하면 우상숭배도 신 의식을 통해서 발생하였기 때문이다. 다만 참된 하나님을 섬기지 못했을 뿐이다. 불교에서는 열반경에 기록된 대로 인간의 모든 마음에 내재되어 있는 "불성(佛性)"이며 도교에서는 도(道)로 표현된다. 이런 감정은 결코 사라지지 않는다. 인간 본래의 참모습이기 때문이다. 그래서 죽을 때까지 열반을 사모하거나 혹은 추구하는 삶을 살게 한다.

시인인 로렌스(D. H Lawrence)는 "경이의 감각(the Sense of Wonder)"이다. 이 감각은 죽을 때까지 인간의 본성에 존재한다. 그것도 마지막 죽어가는 순간까지 존재한다. 그래서 그에게 있어서 인생에서 가장 중요한 것은 바로 "경이"다. 사랑도 경이의 감정이다. 경이의 감정에 나오기 때문이다. 그리고 경이의 감각은 모든 생명의 안에 있는 종교적 요소가 된다. 인간의 제6감으로서 타고난 종교적 감각이다.

넬리 작스에게는 직접적으로 "동경"이다.
창조될 때부터 인간의 마음에는 동경이 새겨졌다. 그 창조된 동경이 인간의 모든 움직임을 주도한다. 물론 그 방향은 하나님이다. 그래서 인간으로 하여금 하나님을 만나게 하는 역할을 한다. 윌리엄 워즈워드는 "경험의 가장자리(the Borderlands of Experience)"

로 표현했다. 시인으로 하여금 시를 쓰게 하는 가장 큰 원동력이다. 동시에 시인으로 하여금 해결 할 수 없는 것에 대한 아쉬움의 극단적인 표현이다. 에른스트 블로흐에게는 "아직 이루어지지 않는 희망"이다. 파스칼에게 있어서는 "섬세한 감정(l'esprit de finesse)"이다. 인간 모두에게 존재하는 감정이다. 토마스 아퀴나스에게 있어서는 "하나님의 흔적"이며 얼리스터 맥그라스나 C. S 루이스에게 있어서는 하나님의 흔적으로써 "하나님을 찾아가게 하는 이정표"다.

모두 목마름을 표현하는 말들이다.
얼마나 많은 이름들로 존재하는지 모른다. 철학자로부터 일반인에게까지 아주 다양하다. 그렇다면 도대체 목마름의 정체는 무엇인가? 왜 인간들은 이처럼 목마른 것인가?

이것에 대한 많은 해석들이 존재한다.
그런데 그런 해석들은 혼돈함을 야기 시킨다. 그래서 더욱 방황하게 만든다. 만약 세상에 제시하는 해결책을 따르려 한다면 반드시 방황하게 될 것이다. 어쩌면 석가처럼 수레를 타고 천하를 방황해야 할지도 모른다. 아니면 칼 융처럼 일생을 방황해야 될 것이다. 그러나 설사 그런다 할지라도 회의적인 답을 얻는 것 외에는 없을 것이다. 분명 실망하게 될 것이다. 괴테가 지적한대로 "인간은 평생 눈먼 장님"이기 때문이다.

그런데 아주 유별난 해석이 있다.
아주 간단한 해석이다. 하나님과 결부시킨 기독교적인 해석이다. 물론 많은 비판을 받고 있는 해석이다. 그래서 많은 사람들부터 외면당하고 있다. 그러나 이에 대한 기독교적인 반론도 있다. 즉 기독교적인 해석을 받아들이지 못한 근본 원인에 대한 반론이다. 그것은 비판자가 되었다는 그 자체가 이미 진리에 숨겨졌다는 반론이다. 숨겨졌기에 결과적으로 기독교적인 해석에 대하여 비판자가 된 것이라는 의미다. 숨겨졌기에 듣기는 들어도 깨닫지 못하고 보기는 보아도 알지 못한다는 것이다(마 13:14). 혼미한 심령과 보지 못할 눈과 듣지 못할 귀를(롬 11:18) 가졌기 때문에 받아들이지 못하는 것이다. 그렇다면 기독교진리가 비판자들에게는 의도적으로 감추고 있다는 말인가? 그렇지 않다. 비판자이기에 감추어진 것이 아니고 숨겨져 있기에 비판적이라는 것이다. 만약 이것이 사실이라면 확신할 수 있는 것이 있다. **기독교적인 해결을 비판하는 사람들은 아직도 정답을 모르고 있다는 것이다.** 깨닫지 못했기에 비판하는 것이다. 즉 비판하는 그것으로 자신이 깨닫지 못한 사람임을 스스로가 알려주고 있는 것이다. 그렇다면 과연 기독교가 제시하는 해결책은 무엇인가?

5. 목마름의 이유
하나님의 흔적인가?

"우리는 우리의 존재를 이미 알고 있는 다른 곳에서 왔다. 우리 안에 있는 동경은 인간적인 모습을 띈 하나님의 동경이다. 동경은 하나님이 영혼에 심어 놓은 흔적이다(존 오도노휴)."

"마음이 외치는 소리에 20년 정도 귀를 기울여보고 나서 내린 결론은 인간에게는 하나님을 향한 태생적 욕구가 있다는 것이다. 신앙생활을 하든 말든 이 욕구야말로 가장 깊은 내면에 자리 잡은 갈망이며 무엇보다도 소중한 보물이다(정신과 의사 제널드 메이)."

"목마름은 하나님을 통해서만 채워 질 수 있는 하나님의 증명이다(루이스)."

5. 목마름의 이유: 하나님의 흔적인가?

왜 목마름이 인간에게 존재하는가?

이것에 대한 많은 답이 있다. 너무 많이 있다. 아니, 넘쳐날 지경이다. 그러나 실제성은 부족하다. 특히 일관성과 공통적인 면에서는 더욱 그렇다. 어쩌면 개개인의 경험에 의존한 답변들이기 때문일지도 모른다. 이런 점에서 기독교는 아주 유별나다. 독특한 답을 가지고 있기 때문이다. 그래서 독선적이며 편협 적이라는 비판을 받기도 한다. 분명 그렇다. 부인할 수 없는 사실이다. 그러나 기독교적인 답변에는 세상이 주지 못하는 것을 가지고 있다. 실제성과 일관성이다. 실제성이란 성경이 제시한 대로 따르게 된다면 목마름 문제를 해결 할 수 있다는 의미다. 그리고 일관성이란 기독교적인 답변을 증명할 수 있는 공통적이며 풍성한 체험을 했던 많은 사람들이 언제나 존재하고 있다는 의미다.

이렇게 정리해보는 것은 어떤가?

물론 이것을 어떤 특정된 개인이나 특화된 집단의 주장만으로 몰아가면 안 된다. 특히 기독교적인 주장에 불과하다고 빈축해서는 안 된다. 가장 큰 이유는 "목마름"의 특성 때문이다. 그것은 목마름을 근원적으로 해결 줄 수 있는 것만이 정답이 될 수 있기 때문이다. 그 외의 다른 주장이 아무리 그럴듯하여도 목마름을 해결해 줄 수 없다면 무슨 소용이 있겠는가? 반면에 독선적인 주장이란 비난을 받는다 하더라도 실제적으로 목마름을 해결하여 줄 수 있다면 그것이야말로 가장 확실한 정답이 아닌가? 바로 이런 점에서 기독교적인 접근은 다른 주장과는 확연하게 차이가 난다. 명확하게 그 정답을 제시하고 있기 때문이다. 다음은 성경이 계시하고 있는 복음주의적인 주장이다.

"목마름의 근원은 하나님에게 있다.
하나님이 인간을 창조할 때에 자신의 흔적인 하나님의 형상을 새겨 넣었기 때문이다. 그래서 그 흔적은 자신의 창조주인 하나님을 그리워한다. 그 그리움이 곧 목마름이며 동경이며 갈망으로 나타난다. 따라서 하나님을 만나게 되면 목마름은 해결된다. 동시에 안식과 행복도 느끼게 된다. 그 외에 다른 것으로는 해결되지 않는다. 왜냐하면 모든 인간에게는 하나님의 형상이 새겨져 있기 때문이다."

그런데 이 주장은 객관성이 부족하다는 비판을 받는다.
냉정한 의미로 사실이다. 그러나 따져 볼 것도 있다. 객관성을 논할 수 있는 객관적인 인간이 과연 세상에 존재하는지 의문이다. 인간이 이성(理性)적이지 않다는 것을 알게 되는 것이 가장 객관적인 이성이라고 말했던 칸트의 지적을 충실히 따른다면 분명 아니다. 그의 주장이 옳다면 객관성이란 단어로만 존재할 뿐이다. 파스칼에게 있어서 이성이란 "세상에는 이성으로는 알 수 없는 것들이 수 없이 많이 존재한다는 사실을 받아들이는 것"이다. 같은 의미로 칼 융은 우리가 사는 곳은 "비밀로 가득 찬 세계"라 했다. 이성으로 세계를 다 설명할 수 없다는 의미다.

그렇다면 도대체 객관성의 기준은 어디서 오는 것일까?
누가 세운 것일까? 객관성이란 주장이 가장 객관화되지 못한 것이라는 한스 게오르그 가다머(H. G Gadamer)는 주장을 어떻게 받아들여야 할까? 그는 자타가 인정하는 20세기 철학적 해석학의 창시자가 아닌가? 차라리 시간과 공간을 초월한 영원한 관점(sub specie aeternitatis)을 가진 객관적인 존재는 세상에 없다는 스피노자와 키에르케고르의 지적 앞에 항복하는 것은 어떤가? 진실로 객관성을 주장하고 싶다면 말이다. 아니면 석가의 말대로 사물을 "있는 그대로를 볼 수 있다"는 "사티(sati)"의 경지에 이르기 위한 6년 동안의 수행이 필요하지 않을까?

그렇지만 백번 양보하자.
객관성이 부족하다고 받아들이자. 논리성도 합리성도 부족하다고 하자. 객관화된 연구도 부족하다는 지적도 받아들이자. 논리적으로 설명될 수 없다는 말도 수용하자. 설사 증명한다 할지라도 설득당할 수 있을 만큼 논리적이지 않다는 비난도 받아들이자. 그러나 한 가지 확실한 것이 있다. 기독교적인 답은 세상에 존재하는 답변보다 훨씬 더 객관적이고 더 합리적이라는 사실이다. 그럼에도 불구하고 여전히 기독교적인 답변이 객관성이 결여되었다고 비판한다면 할 말은 없다. 그것이 사실이라면 다른 답변을 변론할 때에 결코 객관성이란 말을 사용해서는 안 될 것이다. 왜냐하면 기독교적인 답변과 비교하면 너무 객관성이 부족하기 때문이다. 그 대표적인 예가 "삼아승기백대겁"이란 시간만큼 수행을 하여야 깨달음과 안식에 도달 할 수 있다는 주장이다.

그러나 무엇보다도 확신할 수 있는 것이 있다.
아주 중요하다. **하나님과 연결시키지 않는다면 목마름에 대한 궁극적인 답은 영원히 찾을 수 없게 된다**는 것이다. 전혀 찾을 수 없다. 그리고 또 한 가지 확실한 것이 있다. **하나님 외에 다른 것에서 답을 찾고 있다는 그 자체가 방황 중에 있다는 증거다**. 그러므로 이렇게 말 할 수 있다. 현존하는 답변 중에서 가장 실제성이 있는 것은 기독교적인 답변이다. 감히 주장한다. 그 안에서 답을 찾아보자.

먼저는 플라톤으로부터 시작하자.
또 플라톤이냐고 짜증낼 수도 있다. 그러나 화이트 헤드 말대로 서양의 2000년은 플라톤의 그림자이며 각주(脚註)다. 에머슨에게 있어서는 더 심하다. 플라톤이 서양이고, 서양이 플라톤이다. 서양에 이루어진 모든 것의 자취를 따라가면 그 마지막에 플라톤이 있기 때문이다. 정치, 종교, 문학, 미술, 음악, 그리고 종교 등이 그렇다. 그러니 어쩔 수 없지 않은가?

그에게 있어서 인간의 영혼은 본래 하나님의 것이다.
그런데 추방당해 인간의 육체 안에 갇혔다. 그런 이유로 인해서 그 영혼은 자신의 고향인 하나님에게로 돌아가기를 언제나 사모한다. 그 사모함이 갈망이다. 즉 갈망의 근본적인 원인을 하나님 안에서 찾고 있다. 그래서 그에게 있어서 현세의 모든 것은 실제(reality)에 대한 그림자다. 완전한 것이 아니다. 오직 하나님의 품에 있을 때만 완전하게 된다. 서양사상의 근간을 이루고 있는 이원론(dualism)의 시작됨이다. 그의 짙은 영향을 받은 아일랜드 시인 존 오도노휴는 인간의 존재를 이렇게 표현하고 있다.

"우리는 우리의 존재를 이미 알고 있는 다른 곳에서 왔다.
우리 안에 있는 **동경은 인간적인 모습을 띈 하나님의 동경**이다.
동경은 하나님이 영혼에 심어 놓은 흔적이다.
동경 안에 우리는 신성한 불꽃을 느낀다.
그 순간 우리는 이미 하나님의 곁에 있는 것이다."

스토아 철학자 에픽테토스에게 인간은 하나님의 부서진 조각이다. 하나님의 일부가 인간 안에 존재한다고 믿기 때문이다. 그러나 불행하게도 많은 사람들은 이 사실을 모르며 살아간다. 그는 말한다. 인간은 하나님 안에 있을 때 비로소 완성품이 될 수 있다. 그 전까지는 인간은 끝임 없이 하나님을 그리워한다. 하나님의 일부가 인간 안에 존재하기 때문이다.

유대인 작가 넬리 작스(Nelly Sachs)는 동경의 근원을 하나님에게서 찾았다.

> "…모든 것은 동경과 함께 시작한다.
> 창조된 모든 것은 동경으로 이루어져 있다.
> 생명은 태어나기도 전에 동경을 먼저 안다.
> 동경은 죽음으로 끝나지 않는다.
> 죽음은 동경에서 비로소 완성된다.
> 동경은 완전히 새로운 것을 창조한다.
> 모든 것을 새롭게 만드는 하나님과의 만남을 주선하기 때문이다"

그녀는 모든 피조물은 하나님과 하나가 되고자 하는 심오한 동경 때문에 살아간다고 믿는다. 그러나 대부분의 인간들은 이 사실을 모른다. 아니 배운 적도 없다. 그래서 다른 곳에서 그 동경을 찾으려 한다. 그것이 곧 인간이 방황하는 삶을 살게 되는 이유라고 설명한다. 하나님의 품으로 돌아오기까지 인간의 모든 삶은 방황하는 삶에 불과하다. 그래서 그는 감히 주장한다. "세상에서 가장 방황하는 삶은 하나님 없는 성공적인 삶이다."

칼 라너는 인간은 하나님을 암시하는 존재라 했다.

그는 인간에서 가장 중요한 본성은 동경이라고 말한다. 그 동경은 현존하는 것을 뛰어 넘어 하나님의 넓은 지평에 닿는다. 하나님의 존재 없이는 인간은 생각할 수도 없다. 존재의 의미도 찾을 수 없다. 하나님 없는 인간은 결코 완전한 존재가 될 수 없다. 그러므로 완전한 인간이 되기 위해서는 하나님이 필요하다. 그 필요한 대한 욕구가 바로 동경이다. 동경이 그 사실을 알려주고 있다고 주장한다.

막스 호르크하이머는 철학자로서 신학에 접근한 사람이다. 인간은 성경과 마찬가지로 동경으로 이루어졌다고 믿는다. 그리고 미국의 심리학자인 제임스 부젠탈(James Bugental)은 모든 상담의 근본적인 치료는 내적 고향의 발견에서 출발한다고 주장한다. 그런데 그에게 있어서 그 내적 고향 안에는 하나님이 존재한다. 그러므로 참된 치료의 시작은 그 안에 존재하는 하나님을 발견하는 것이다. 그 때에 비로소 온전한 심리적인 치료가 가능하다. 그 외에 다른 치료는 일시적이다. 같은 심리학자인 제럴드 메이(Gerald G. May)는 그의 오랜 임상경험을 통하여 이런 결론을 내렸다.

"마음이 외치는 소리에 20년 정도 귀를 기울여보고 나서 내린 결론은 **인간에게는 하나님을 향한 태생적 욕구**가 있다는 것이다. 신앙생활을 하든 말든 이 욕구야말로 가장 깊은 내면에 자리 잡은 갈망이며 무엇보다도 소중한 보물이다."

신경과학자인 앤드류 뉴버그(Andrew B Newberg)의 연구는 더 구체적이다. 그의 저서 『Why God Wan't Go Away』를 통하여 인간의 두뇌에는 생물학적으로 유전되는 하나님이라는 "영구전자회로(hard-wired)"라는 프로그램이 존재한다고 발표하였다(The inescapable conclusion is that God seems to be hard-wired into the human brain). 인간의 의식 속에 하나님이란 존재가 떠나지 않는 이유다. 설사 누군가 하나님의 존재를 강하게 부인한다할지라도 말이다. 결코 하나님이란 존재를 마음속에서 지울 수 없다. 그래서 인간은 일평생 살아가는 동안에 하나님과 씨름하며 살게 된다. 특히 불행한 일을 겪게 되거나 혹은 위기를 만나게 되면 사람들은 즉각적으로 하나님을 향하여 불평한다. 혹은 하나님에게 구한다. 신앙인이 아니어도 상관없다. 종교와도 상관이 없다. 마치 프로이드가 하나님의 존재를 부인하지만 언제나 하나님에게 시비하고 원망하는 것과 같은 이유다.

그러나 진화론자들의 주장이 틀렸음을 과학적으로 증명한 결과가 되었다. 일반적으로 진화론자들은 합리적인 사고를 중시하는 과학적인 사회가 도래하면 하나님에 대한 논의가 사라질 것이라 주장했다. 더불어 종교도 자연스럽게 사라질 것이라 믿었다. 그러나 그들의 주장대로 과학적으로 진화된 세상이 왔음에도 여전히 종교는 지속되고 하나님의 존재에 대한 논란이 지속되는 것에 대하여 의아했다. 이런 상황에서 뉴버그는 하나님이란 존재가 인간의 삶속에서 벗어날 수 없는 근본적인 이유를 신경과학적으로 밝혀 낸 것이다. 물론 오랜 임상실험 결과다. 그의 연구결과가 아주 명백한 과학적인 사실로 들어났기 때문에 진화론자들은 그 동안 잘못된 가정을 과학적인 사실로 믿고 기독교를 비난했던 것에 대하여 통렬한 반성을 해야 한다. 그것도 그들이 맹종하는 과학적인 임상방법을 통해서 증명되었기 때문이다. 그러나 그럼에도 불구하고 그들은 교묘한 논리로서 인간의 뇌 속에 심겨진 영구전자회의 존재 자체를 부인한다. 반박하는 연구도 발표하고 있다. 설사 하나님의 존재를 받아들일 수밖에 없는 과학적인 근거가 더 명확하게 증명 된다하더라도 자신들의 주장에서는 한 치도 물러서지 않을 것이다. 늘 그래왔던 것처럼 말이다. 그러나 그들도 어찌할 수 없는 것이 있다. 하나님의 존재에 대한 논쟁이다. 프로이드와 같이 죽는 마지막 순간까지도 하나님에 대한 의식을 떨쳐 버릴 수 없을 것이다. 일찍이 토마스 아퀴나스가 주장했던 "인간은 태생적으로 하나님을 향한 욕구를 가진 존재"이기 때문이다.

토마스 아퀴나스에 있어 인간의 영혼은 하나님에게 창조된 실상이다. 그것이 "태생적인 데시데리움"인 목마름이나 동경으로 표출된다고 주장한다. 즉 목마름이나 동경은 하나님이 인간의 영혼에 심어 놓은 흔적이다. 그래서 인간들은 결코 하나님이란 의식을 벗어날 수 없다. 그것도 평생토록이다. 뿐만 아니라 동경이 삶의 올

바른 방향을 제시하여 준다. 왜냐하면 동경이 추구하는 것을 올바르게 따르다보면 하나님을 만날 수 있기 때문이다. 그의 영향을 받은 독일의 신학자 안셀름 그륀은 인간에게는 보이는 것, 돈으로 살 수 있는 것으로도 채울 수 없는 원초적인 동경이 있다고 주장한다. 그런데 그 동경은 절대적이고 완전한 것을 그리워한다. 그 절대적이고 완전한 것이 곧 하나님이다. 즉 동경의 목적지가 하나님이라는 의미다.

어거스틴은 동경은 하나님이 인간에게 던져 놓은 것이라고 했다. 그것도 가장 은밀한 곳인 영혼에 던져 놓은 돛이다. 그래서 동경은 인간의 기본적인 실존 조건이다. 그 동경을 통하여 하나님은 욕망을 불러일으킨다. 자신과 영원히 함께 있고 싶어 하는 욕망이다. 그런데 사람들은 이런 사실을 모른다. 그래서 동경의 욕구를 다른 것으로 채우려 한다. 사실 부를 획득하고 싶은 갈망 안에는 동경이 숨겨져 있다. 성공을 위한 노력 뒤에도 그리고 가치 있는 사람이 되고 싶다는 갈망 안에도 동경이 숨어 있다. 다만 그 사실을 모를 뿐이다. 동경에 대한 잘못된 접근인 셈이다. 그래서 그 어떤 것도 동경을 완전하게 충족시켜 주지 못한다. 오직 하나님으로만 채워질 수 있기 때문이다.

그는 말한다.
인간의 내면에는 절대적인 고향, 무한한 보호, 잃어버린 낙원에 대한 충족되지 않는 동경으로 가득하다. 밖으로 드러난 인간의 욕망은 각기 달라보여도 궁극의 목적은 하나다. 하나님과의 만남이다. 신앙심이 없다거나 종교인이 아니라고 말하는 사람들에게도 마찬가지다. 그들에게도 동경이 존재하기 때문이다. 그 동경을 끝까지 따라가면 결국 만나게 되는 것은 하나님이다. 만약 하나님을 만나지 못하게 되면 여전히 동경의 노예가 되어서 살게 된다.

믿기지 않는가?

물론 이것에 대한 반증도 있을 것이다. 왜 없겠는가? 당연히 있을 것이다. 그러나 정직하게 질문하고 싶다. 이 보다 더 확실하고 구체적인 이유를 제시하고 있는 사상이나 종교가 있는가? 혹 믿기 싫은 것은 아닌가? 아니면 기독교에 대하여 배타적인 감정을 가진 것은 아닌가? 그렇지 않다면 기독교에 대한 어떤 편견을 가진 것은 아닌가? 그러나 잠시만 이 모든 것을 마음 한편에 묶어 두는 것은 어떤가? 기독교에 대하여 아주 지독한 혐오증만 없다면 말이다. 그렇다면 이런 전제(hyper-thesis)를 받아들이는 것은 그 다지 어렵지 않을 것이다.

"목마름은 하나님과 연결되었다"는 전제다.

루이스의 말이다.
"목마름은 하나님을 통해서만 채워 질 수 있는 하나님의 증명이다."
그에게 있어서 목마름은 인간 본성이 무엇인지를 알려 주는 중요한 실마리를 제공한다. 왜냐하면 목마름을 끝까지 추구하다보면 그

곳에 하나님이 있음을 알 수 있기 때문이다. 그래서 목마름은 인간 영혼의 궁극적인 목적이 하나님에게 있음을 알려 주는 증명이다. 그렇다면 목마름과 하나님과의 관계는 떨어질 내야 떨어질 수 없는 관계가 아닌가? 그래서 일까? 마틴 부버(Martin Buber)는 "모든 인간은 그 자신 너머에 있는 영원한 당신 곧 하나님을 지향하고 있다."고 주장한다.

물론 전제다.

그러나 목마름이 하나님과 연결되었다는 주장은 이미 하나님을 통하여 목마름을 해결 받은 사람들에게는 더 이상 전제가 아닌 진리다. 그러므로 전제란 불가피하게 사용된 선택적인 용어다. 즉 하나님을 통하여 목마름을 해결받기 원하는 사람들을 위한 것이다. 그것은 이 전제가 틀리면 목마름도 해결 받지 못하기 때문이다. 반면에 이 전제가 맞는다면 목마름은 해결 받게 될 것이다.

어떤가?

계속 망설이다가 시간만 보낼 것인가? 아니면 누군가의 묘지명에 기록된 것처럼 망설이다가 이렇게 될 줄 알았다는 고백만 하다가 말 것인가? 그렇지 않다면 비록 의구심이 있다할지라도 문제 해결을 위한 전제를 받아들일 것인가?

6. 목마름의 해결
하나님과의 만남

"인간은 자기를 창조한 하나님의 품안에 들어가기 전까지는 결코 안식할 수 없다(어거스틴)."

"하나님께서 인간을 만드셨을 때 인간의 영혼에 동공(洞空)을 주셨는데 그 동공은 이 세상의 모든 것으로 채우려 해도 채울 수 없다. 그 자리는 오직 하나님이 들어가셔야만 채워질 수 있다(파스칼)."

"우리의 갈망은 그 기원이 다름 아니라 하나님께 있으며 오직 하나님에 의해서만 만족될 수 있다(안셀름)."

6. 목마름의 해결: 하나님과의 만남

"놀만큼 놀아봤어(Had enough parties)"의 노랫말이다. 노래가 시작되기 전에 특이하게도 이런 대화가 먼저 나온다.

"뭘 어떻게 원하시죠?
뭘 원하세요? 뭘 원하시냐니깐?
진리죠,
진리?
누가 만들었는지
왜 만들었는지
난 어디서 왔다가 어디로 가는 것인지…

(노래가 시작된다.)
"나 놀만큼 놀아봤어
왠지 몰랐어 뭐 때문에 열심히 살지, 돈 벌어서 어떻게 써야 하는 건지

둘러보았어 **무엇으로 나를 채울지, 먹고 먹어도 왜 계속 배가 고프지**

(난 놀만큼 놀아봤어 또 벌 만큼 벌어봤어)
예쁜 여자 섹시한 여자 함께 즐길 만큼 즐겨봤어

(결국에 또 허전 했어 언제나 그때뿐이었어)
아침에 술 깨 겨우 일어날 때 그 기분이 싫어 졌어 이젠 사랑을 하고 싶어 baby
혼자 집에 오는 길이 싫어 lately
이런 날 어서 구원해줘 baby

제발 꺼지지 않을 음식으로 나를 배 불려줘
눈 감을 때 두렵지 않기를, 눈 감을 때 웃을 수 있기를
내가 어디로 가는지 알면서 내딛는 힘찬 발걸음으로 살기를
어어, 이제 사랑하고 싶어 baby, 이젠 혼자 집에 오는 길이 싫어 lately
이런 날 어서 구원해줘 baby, 제발 꺼지지 않을 음식으로 나를 배 불려줘
Please save me save me."

노래 속에서 그가 찾고 있는 진리란 무엇일까?

혹 목마름을 해소 시킬 수 있는 것은 아닐까? 그 후렴구인 "please save me"는 목마름에서 벗어나게 해달라는 절규와 같이 들린다. 조금 지나친 해석인가? 만약 그렇다면 겸손한 철학자들, 예술가,

그리고 구도자들의 탄식과도 같지 아니 한가? 분명 세상의 것들 소유하고 즐긴다고 해서 목마름이 해결되지 않는다는 증거다. 완벽한 환경도 목마름을 해결해주지 않는다. 먹을 것은 있고, 거주할 집도 있고, 주위에 친구들도 있고, 가족들도 있고, 그리고 세상을 즐길 수 있는 물질도 있다. 그러나 "제발 꺼지지 않을 음식"을 달라고 부르짖고 있다. 그의 부르짖음은 썩는 양식을 얻기 위해서 나를 따르지 말라(요 6:27)는 예수의 말과 부합되지 않은가?

버틀란트 러셀은 20세기 최고의 사상가이며 철학자며 문학자다. 영국의 귀족 출신이며 케임브리지 대학을 졸업하였다. 1950년에 노벨문학상을 받았다. 『나는 왜 기독교인 아닌가?』라는 책을 쓸 정도로 아주 지독한 안티 크리스천(anti-Christian)이다. 한편 『행복의 정복』이란 책을 통하여 행복할 수 있는 조건도 제시하였다. "갈망하는 것이 무엇인지 알아내어 그것을 성취하라. 그러나 본질적으로 이룰 수 없는 갈망에 대하여는 깨끗이 단념하라." 그러면 행복하게 살 수 있다고 주장했다. 그러나 문제는 정작 자신의 내부에 있었다. 해결되지도 않고 이해 할 수도 없는 갈망의 존재 때문이다. 분명 자신이 주장한대로 행복을 위해서는 필히 정복되어야 할 감정이었다. 그러나 쉽사리 정복되지 안했다. 그래서 고통이 된 것인가? 직접적인 그의 표현이다.

"나의 중심은 영원히 언제나 세상이 담을 수 있는 한계를 넘어서 어떤 것을 갈망하는 데서 오는 무서운 고통이다."

종종 행복하다는 말을 한다.

착각이다. 물론 앞으로 더욱 행복하게 살 것이란 말도 착각이라고 키에르케고르는 말한다. 보편적으로 사람들은 행복을 위해 열심히 산다. 그 중에서 어떤 사람들은 행복함을 잠시 누리기도 한다. 그러나 결국은 절망한다. 왜냐하면 행복과 더불어 뒤따라오는 공허함을 피할 수 없기 때문이다. 그때에 비로소 자신이 행복이라 생각했던 것이 착각인 줄을 알게 된다. 그런데 이 깨달음이 불행의 발견이다. 그렇다고 불행의 시작은 아니다. 사실 불행은 이미 존재하고 있었지만 느끼지 못했을 뿐이다. 그러나 더 큰 불행이 기다리고 있다. 인간의 힘으로 도무지 그 문제를 해결할 수 없다는 것을 알게 된 순간이다. 어찌 보면 생애에 가장 절망적인 시간이 될 수도 있다. 그래서 일까? 그에게 인간은 고독한 존재며 절망적인 존재다. 그것도 행복을 추구하다가 깨닫게 된 것이기에 더욱 그렇다.

그렇다면 목마름에 대한 궁극적인 해결 방법은 없는 것일까?

당연히 있다.

그것도 기독교 신앙 안에 있다. 해결책 중에서 가장 독보적이다. 아니 유일하다. 가장 확실한 답변을 주고 있기 때문이다. 구름 잡는 것같이 모호한 해결도 아니다. 생생하다. 단연코 말할 수 있지만 유일무이하다. 그래서 헤아릴 수 없을 만큼 수 없이 많은 사람들이 기독교 신앙 안에서 이 문제를 해결 받았다.

그것은 하나님과 만남이다.

하나님과의 만남을 통해서 목마름에서 벗어날 수 있다. 즉 불청객의 공격에서 벗어 날 수 있다. 참된 안식과 행복을 누릴 수 있는 유일한 길이다. 아주 오래 동안 수도원에서 신앙의 길을 걸었던 노르위치 줄리안(Julian of Norwich)의 고백을 통하여 문제 해결에 대한 답을 얻을 수 있다.

> "전지전능하시고 은혜로우신 하나님 아닌 곳에서,
> 하찮은 것들 안에서 안식을 찾는 한, 우리는 결코 안식할 수 없다. … **그분이 우리의 참된 안식이다.** 그분 아닌 그 누구도 우리를 채워줄 수 없다. 그런즉 창조된 모든 것에 대한 집착을 포기할 때까지 우리 영혼은 도무지 쉴 수가 없다. 모든 것의 모든 것인 하나님을 위하여, 모든 집착을 버릴 때 비로소 우리는 영혼의 안식을 즐길 수 있다."

어거스틴의 이야기다.

그는 청년 때 집을 떠났다. 물론 안식을 찾기 위해서다. 로마의 철인 키케로와 신 플라톤 사상에 심취하였다. 그러나 거기서 안식을 얻을 수가 없었다. 친구의 권유로 마니교란 종교에 귀의도 해보았지만 역시 만족함을 얻을 수가 없었다. 종교마저도 안식을 줄 수 없다는 것을 아는 순간에 절망했다. 자포자기했다. 그 상태가 방탕한 삶으로 연결되었다. 그 외에 그가 할 수 있었던 것이 없었기 때문이다. 그러던 어느 날 뜻밖에 하나님의 은혜를 체험하게 되었다. 그 안에서 참된 안식을 발견하게 된 것이다. 그 동안 자신을 괴롭혔던 그 지독한 불청객도 사라졌다. 무엇보다도 자신이 오랫동안 찾고자 했던 것이 기독교 안에 있다는 것에 놀랐다. 전혀 기대치 못했기 때문이다. 비로소 그는 하나님 안에서 자신이 원했던 안식을 체험할 수 있었다. 물론 행복의 절정도 체험하였다. 그리곤 이런 고백을 했다. 아주 유명한 고백이다.

"주님, 당신을 위해 저희를 지으셨으니 주님의 안식을 얻기까지 저희 마음은 쉴을 모릅니다."

이런 주장도 했다.
직설적이고 확실하며 모호하지 않다. 무례할 정도다. 독설적인 표현이다. 분명 그렇다. 그러나 참된 진리를 찾기 위해 오랫동안 방황하다가 체험한 사람만이 할 수 있는 고백이다. 단순히 지적(知的) 연구를 통해서 내려진 결론이 아니기 때문이다.

"인간은 자기를 창조한 하나님의 품안에 들어가기 전까지는 결코 안식할 수 없다."

이번에는 러시아의 대표적인 문호 톨스토이의 고백을 들어보자. "내 나이 18세 되던 해에 나의 친구가 내게 찾아와 하나님이 인간을 만든 것이 아니라 인간이 하나님을 만든 것이라고 한 말에 설득되어 나의 어릴 적의 그리스도를 믿는 신앙을 떠났다. 나는 종교를 포기하는 것이 자유를 얻는 길이라 생각하였다. 그러나 이제 내 나이 55세, 나는 내가 스스로 버린 어머니 같은 신앙의 품으로 돌아왔다. 나는 단순히 종교로 돌아온 것이 아니다. 나의 구주인 그리스도에게로 돌아온 것이다. **그 안에 나는 처음으로 참된 안식을 발견했다.**"

파스칼(Blaise Pascal)은 어떤가?

그는 프랑스에 위대한 수학자며 철학자다. 그러나 정규교육은 일년도 받지 못했다. 독학으로 뛰어난 업적들을 발표하여 세상을 놀라게 했다. 계산기를 발명했을 뿐 아니라 16세라는 나이에 수학 난제들을 해결한 천재다. 그러나 아버지가 돌아가시자 충격을 받았다. 그때부터 학문을 향한 열정을 도박과 사교계에 쏟으며 인생을 탕진했다. 삶의 의미를 찾을 수 없었기 때문이다. 그렇게 살아가던 중에 뜻 밖에 하나님을 만나게 되었다. 그때가 1654년 11월 23일이다. 그 순간에 오랫동안 찾았던 참된 안식을 얻게 되었다. 동시에 **공허라는 공백 속에는 오직 하나님으로만 채워질 수 있다**는 것도 알게 되었다. 그때의 감격을 이렇게 기록하였다. 너무 감격하여 죽을 때까지 자신의 옷 안에 간직하였다. 이것이 소위 말하는 "**파스칼의 메모리알**(le memorial)"이다.

"밤 10시 30분부터 밤 12시 30분 무렵.
철학자들과 지혜로운 자들의 하나님이 아닌 아브라함의 하나님,
이삭의 하나님, 야곱의 하나님. 오직 복음을 통해서만 알 수 있는

예수 그리스도의 하나님. 든든한 마음, 감정, 평화, 기쁨의 눈물, 아멘."

그의 고백이다.

"하나님께서 인간을 만드셨을 때 인간의 영혼에 동공(洞空)을 주셨는데 그 동공은 이 세상의 모든 것으로 채우려 해도 채울 수 없다. 그 자리는 오직 하나님이 들어가셔야만 채워질 수 있다."

조선인 이수정의 이야기다.

그는 조선을 개화 시키려는 목적으로 일본에 갔다. 낙후된 조선의 농업을 발전시키고 싶었기 때문이다. 그런데 변화가 생겼다. 뜻하지 않게 하나님을 믿게 된 것이다. 결국 1883년 4월 29일에 미국 선교사 조지 낙스로부터 세례를 받게 되었다. 일본에 도착한지 불과 9개월 만이다. 하나님을 체험한 후에 이루 말 할 수 없는 평안 속에 거하게 되었다. 물론 전에는 도무지 체험할 수 없었던 감정이었다. 아울러 그의 오랜 목마름도 해갈 되었다. 세례 받은 후 불과 한 달 만인 1883년 5월 29일에 마태복음과 마가복음을 평안함 속에서 한글로 번역하였다. 확연하게 달라진 그의 모습에 놀란 친구가 물었다. 당시 동경외국어학교의 교수였던 손붕구다. "나는 자네가 지금 그렇게 행복하게 보이는 이유를 알 수 없네. 자네는 최근 매우 크게 변화되었으며 어떤 새롭고 특별한 기쁨을 찾은 것 같네." 도대체 그 이유가 무엇이냐는 질문에 대한 그의 답이다. 하나님을 믿고 난 후에 "내게는 이전에는 결코 생각해 보지 못했던 마음의 큰 평안과 행복이 있게 되었다네."

어떤가?
목마름의 궁극적인 해결은 오직 하나님을 통해서만 가능하다는 결론은.

그러나 어떤 사람들은 쉽게 동의하지 않는다.
소위 이성을 앞세우는 사람들이 그렇다. 그들은 여전히 다른 것을 통하여 답을 찾으려 한다. 프랑스 소설가 장 모로(Jean Mouroux)가 그들에게 주는 충고다. 무한(無限)한 것을 향한 갈망을 유한(有限)한 것의 좁은 한계 내에서 채울 수가 없다. 시도하여 보라. 실패 할 것이다. 역사가 이것을 증거하며 당신의 삶이 증명 할 것이다. 당신이 선택한 그 가련한 것들은 손가락 사이로 흘러내리는 흙먼지에 불과하다는 것도 알게 될 것이다. 그리하여 곧 실망할 것이다. 목마름의 해결은 오직 하나님 안에서만 가능하기 때문이다. 그러므로 이것을 깨달은 자는 지혜자다. 세상에서 가장 중요한 복이기 때문이다. 세상에 이보다 더 큰 복이 어디에 있겠는가?

파스칼은 세상에는 오직 세 종류의 인간들이 존재한다고 했다. 첫 번째 종류는 하나님께 발견된 사람이다. 두 번째 종류는 하나님을 찾으려고 애쓰는 사람이다. 그리고 세 번째 종류의 사람은 하나님께 발견되지도 못했고 하나님을 찾으려 하지도 않는 사람이다. 그는 평가하기를 첫 번째 사람들은 행복하다. 마지막 사람들은 어리석고 불행하다. 그 중간 사람들은 불행하지만 이치에 맞는 삶을 살고 있다. 그러면서 도전적으로 묻고 있다. "당신은 몇 번째 사람입니까?"

물론 첫 번째 사람이 되라는 질문이다.
그 첫 번째 사람이 될 수 있는 근거를 우리는 성경에서 찾을 수 있다. 성경이 답이 될 수밖에 없는 이유다. 왜냐하면 성경은 인간을 창조하신 하나님의 말씀이기 때문이다. 어디 그 뿐인가? 세상을 창조하신 분이 아닌가? 만약 이것이 사실이라면 도대체 하나님만큼 인간을 잘 이해하실 수 있는 분이 어디 있겠는가? 목마른 인간의 존재에 대한 가장 궁극적이며 근원적인 답을 주실 것이다. 그것도 가장 확실하게 주실 것이다. 왜냐하면 그 분이 인간을 창조하셨기 때문이다. 그렇다면 불청객의 문제는 성경에서 찾아야 마땅하지 않은가?

7. 성경이 답이다

"내 이름으로 불려지는 모든 자 곧 내가 내 영광을 위하여 창조한 자를 오게 하라. 그를 내가 지었고 그를 내가 만들었느니라.(사 43: 7)"

"저가 사모하는 영혼을 만족케 하며 주린 영혼에게 좋은 것으로 채워 주심이라(시 107: 9)."

"내가 주는 물을 마시는 자는 영원히 목마르지 아니하리니 내가 주는 물은 그 속에서 영생하도록 솟아나는 샘물이 되리라(요 4: 13)."

"나는 생명의 떡이니 내게 오는 자는 결코 주리지 아니할 터이요 나를 믿는 자는 영원히 목마르지 아니하리라(요 6: 35)"

인간은 하나님을 나타낼 때 극도의 존재감을 느끼게 된다. 동시에 가장 완벽한 안식함과 행복감 그리고 희열감을 누리게 된다. 그렇게 지음을 받았기 때문이다.

7. 성경이 답이다

왜 성경이 답일까?

정확하게 표현하면 성경만이 답을 줄 수 있다. 성경이 불청객 즉 목마름, 동경, 갈망, 공허함 그리고 안식과 행복에 대한 근본적이며 궁극적인 답을 주고 있기 때문이다. 그래서 성경만이 유일한 답이 될 수 있다. 물론 성급한 사람들은 편협 된 주장이라 몰아칠 것이다. 그러나 질문이 있다. 기독교 외에 다른 곳에 답이 있는가? 그렇다면 그곳에서 찾아라. 시비하지 말고. 그러나 장 모로가 확신한 것처럼 분명히 실패할 것이다. 그렇지 않다면 어거스틴의 말대로 평생토록 목마름의 노예가 되어서 고생하게 될 것이다. 감히 단정할 수 있다. 아니 어쩌면 죽어가는 마지막 순간까지 프로이드처럼 하나님과 성경에 대하여 시비할 것이다.

프로이드는 죽을 때까지 하나님과 씨름하였다.

모순이다. 왜냐하면 그는 하나님의 존재 자체를 믿지 않기 때문이다. 그에게 있어 종교는 환영(illusion)이다. 종교를 "인간의 보편적인 강박 신경증(obsessional neurosis)"이라 불렀다. 그런데 그의 마지막 책인 『모세와 유일신』에서 조차도 하나님과 논쟁하며 다투었다. 하나님을 믿지 아니하면 그것으로 끝이 아닌가? 그런데 왜 하나님의 존재에 대하여 마지막 순간까지 의구심을 품고 죽었을까? 불안감 때문이라고 아르만드 니콜라이는 해석한다. 물론 하나님의 부재를 확신하지 못해서 생긴 불안이다. 믿고 싶은 것만을 믿고 싶어서 그 증거를 찾기에 몰입하는 "확증편향성(confirmation bias)"이다. 동시에 하나님이 존재할지도 모른다는 생각 때문에 발생하는 역반응이다. 일종의 자기 최면과 같은 정신병이란다. 그 정도가 지나치기 때문이다. 그래서일까? 그는 죽는 순간까지 지독한 우울증으로 고생하였다. 그런데 이런 현상은 지독한 불신자들에게 나타나는 공통적인 특징이다.

리차드 도킨스의 망상

도킨스도 프로이드와 같은 증상을 보이고 있다.
그 역시도 프로이드와 같은 논리로 책과 강연 그리고 인터뷰 등을 통하여 반기독교적인 주장을 왕성하게 펼치고 있다. 그 주장이 너무나 지나쳐서 혹 정신병 증상이 아닌가 하는 의심이 들 정도다. 논리적인 시각에서 보면 말이다. 사실 기독교를 비판하는 그의 책들에는 논리적인 비약(leap)이 자주 등장한다. 예를 들면 종교는 집단망상이라는 주장이 그렇다. 하나님에 대한 신앙은 유해한 망상이며 과학은 하나님이 없음을 추론한다는 주장도 한다. 사실 관계를 떠나서 증명될 수 없는 논제들이다. 그 자체가 과학적인 논제가 될 수 없기 때문이다. 깨달은 것이 있다. 신뢰받는 과학자가 주장하는 것이라고 해서 무조건 맹신하면 안 된다는 것이다. 특히 도킨스 같은 경우가 그렇다. 어쩌면 그는 과학자란 신분을 악용하여 자신의 주장을 과학적 사실로 받아들일 것을 은연중에 강요하고 있는지도 모른다. 그래서 그런가? 그는 늘 자신이 과학자임을 강조한다.

평소에 도킨스가 주장했던 말이다.
"과학을 통해서 검증 될 수 있는 것만 믿을 수 있다." 그런데 다른 한편으로는 "진화론은 다른 어느 과학만큼이나 확실하다"는 주장도 더불어 한다. 스스로 모순에 빠진 주장이다. 왜냐하면 둘 중에 하나는 틀린 말이 될 수밖에 없기 때문이다. 전자의 말이 맞게 된다면 후자는 틀린 말이다. 반대로 후자의 말이 맞는다면 전자의 말은 철회되어야 한다. 필립 존슨의 지적대로 진화론은 검증 될 수 없기 때문이다. 그런데 그는 과학이라 확신한다. 복잡하기가 이루 말 할 수 없는 생물체가 우연히 생겨났다는 19세기의 이론을 사실로 믿고 있는 것이다. 더욱이 과학의 이름으로 말이다.

인간은 약 100조의 세포수로 구성되었다고 한다.
물론 생화학자의 연구 결과다. 그런데 각 세포는 그 자체로 완전하며 스스로가 활동이 가능하다. 그리고 세포 하나에는 수백만 가지의 단백질로 구성되었다. 또한 각 단백질은 약 오십에서 천개의 아미노산으로 결합되었고 그 아미노산의 종류는 이십 개나 된다. 그것 뿐 아니다. 분열과 융합도 수시로 이루어진다. 얼마나 복잡한가? 그 복잡함은 상상을 초월한다. 많은 생화학자들이 오랫동안 연구를 하고 있지만 여전히 밝혀낸 것보다도 밝혀내지 못한 것이 더 많다고 한다. 현재의 과학 수준으로도 완전하게 밝혀 내지 못할 만큼 복잡한 생명체다.

글자 그대로 다윈이 말한 "환원 불가능한 복잡성(irreducible complexity)의 요건을 다 가졌다. 그런 복잡한 기관이 존재하게 된다면 자신의 이론은 완전히 무너질 것이라 했다. 물론 그의 책인 『진화론』에서 한 말이다. 그렇다면 진화론은 당연히 무너져야 한다. 그 요건을 충족시키고도 남을 만큼 세포는 복잡하기 때문이다. 또 자체적으로 완전한 시스템을 가지고 있기 때문이다. 그럼에도 불구하고 도킨스는 그 복잡한 생명체가 "우연"히 생긴 후에 점차적으로 진화된 것이라 주장한다. 수학적으로 불가능한 진화다. 물론 상식을 벗어난 주장임을 말할 필요조차도 없다. 참으로 한심한 과학자가 아닌가? 글자 그대로 봉창 두드리는 소리다. 오히려 그 반대를 주장하는 것이 훨씬 더 과학적이 아닌가? 그럼에도 불구하고 진화론을 과학이라고 주장한다면 그야말로 망상(delusion)중에 망상이 아닌가?

사실 진화론은 과학적으로 완벽하게 증명된 이론이 아니다.
논쟁적인 이론에 불과하다. 그래서 법칙이 될 수 없다. 그런데 그에게는 진리다. 물론 사실적인 근거는 없다. 단지 진화되었을 것이라는 추측만 있을 뿐이다. 과학적인 검증이 불가능하기 때문이다. 그렇다면 이런 질문이 가능하다. 사실(fact)을 믿고 있는 것이 아니라 추측으로 세워진 이론을 믿고 있는 것은 아닌가? 이런 반론에 대하여 그는 과학적인 추론이라 주장한다. 직접적으로 관측 되지 못했을 뿐 사실과 다름없다고 변명한다. 그렇다면 더욱 모순이다. 관측이 아니라 추론을 통해서 결론을 내렸기 때문이다. 과학자라는 사람이 추론을 통해서 내린 결론을 믿고 있다면 이상하지 않는가? 그러나 그에게는 과학이다. 자가당착이다. 이쯤 되면 망상논리에 잡힌 것과 마찬가지다. 그 정도가 너무 지나쳐서 그럴까? 참다못한 진화론자인 미카엘 루즈는 이렇게 비판했다. "도킨스는 뛰어난 과학적 대중주의자로 지독한 반종교적 논쟁자가 되었다." 도킨스의 논쟁은 과학이 아니라 종교적인 것이라는 지적이다. 과학자에게 이보다 더 치욕적인 모욕은 없을 것이다. 아주 심한 모욕이다. 분명 그는 과학자의 선을 넘었다. 최소한 진화론자인 토머스 헉슬리의 주장대로 "검증되지 않는 것은 알 수 없다"고 해야 한다. 지극히 상식적인 태도가 아닌가?

종교는 망상인가?
프로이드는 그렇다고 주장한다. 이런 그의 주장에 대하여 루이스의 반응이다. "신경증 치료에는 그는 전문가지만 철학에서는 아마추어다."종교가 망상이라는 프로이드의 주장을 직접적으로 비난한 것은 아니다. 그렇다고 해서 그의 주장을 받아들이는 것은 결코 아니다. 주장하는 내용이 비논리적으로 전개되고 있는 것을 비난한 것이다. 즉 내용을 비난하는 것이 아니라 그 내용을 전개하고 있는 논리적인 빈곤을 비난한 것이다. 그러나 무엇보다도 종교를 과학적인 시각에서 비난하는 그 자체가 과학을 벗어난 일이 아닌가? 마찬가지로 도킨스는 철학에는 아마추어다. 그래서 일까? 그는 많은 학자들로부터 존재론(ontology)과 인식론(epistemology)에 대한 무지하다는 비난을 받고 있다. 심지어는 2013년도 노벨물리학상을 수상한 피터 힉스(Peter W. Higgs)로부터 그의 주장은 논리적으로 심하게 편중된 주장이라는 모욕을 받기도 했다. 논리적으로 증명이 불가능한 대상을 과학의 이름으로 감히 주장하기 때문이다. 그것도 반복적으로 말이다. 그렇다면 이런 현상은 그의 주장대로 망상이 아닌가?

혹 그는 진화론이란 종교를 믿고 있는 사람은 아닌가?

그것도 설득이 불가능한 맹신자가 된 것은 아닌가? 그런 그에게 정신병자라면 지나친 주장인가? 틀리지 않다. 비난하기 위한 것이 아니라 그의 논증에 따른 것이다. 왜냐하면 그가 기독교를 비난할 때 자주 인용하는 망상논리에 빠졌기 때문이다. 로버트 퍼그시브(Robert M Pirsig)는 "누군가 망상에 시달리면 정신이상자이며 다수가 망상에 시달리며 종교가 된다(When one person suffers from a delusion, it is called insanity. When many people suffer from a delusion, it is called Religion)."는 말을 했다. 그는 누구보다도 퍼그시브의 말을 자주 인용하며 기독교를 비난한 사람이다. 만약에 퍼그시브의 주장이 옳다면 그 역시도 분명 망상에 걸린 사람이다. 그의 추종자들도 마찬가지다. 진화론은 이미 그들에게 있어서 종교가 되었기 때문이다. 그렇다면 그의 주장대로 망상에 빠진 것은 아닌가? 그래서 일까, 얼리스터 맥그라스는 "도대체 누가 정말 하나님에 대한 망상에 빠진 것일까?"라는 질문으로 그를 비웃고 있다.

성경은 어떻게 계시하고 있는가?

우리들의 문제로 돌아오자.
일반적으로 불청객의 문제는 니체의 말대로 철학과 종교를 통해서 구체적으로 제시된다. 아니, 누구라도 제기할 수 있지 아니한가? 철학자가 아닌 사람이 세상에 어디에 있는가? 그러나 그에 대한 답변은 여러 가지다. 역사적으로 일치한 적이 단 한 번도 없다. 혼돈의 원인이 되어 미궁 속에 빠지게도 한다. 그래서 또 다른 정답을 찾아 방황할 수밖에 없는 이유를 제공한다. 답변이 여럿이기 때문이다. 무엇을 의미하는가? 상대적인 답이라는 것이다. 절대적인 답이 될 수 없다는 뜻이 아닌가? 상황에 따라 다른 답이 존재할 수도 있는 가능성이 존재하기 때문이다. 동시에 또 다른 치명적인 약점도 존재한다. 다양한 답이 있는 것은 그 안에 정답이 있을 수도 있지만 없을 수도 있다는 의미다. 그래서 세상이 주는 답의 특징은 일반적으로 모호하다. 회색빛이다. 물론 융통성과 열림성도 있다. 그러나 분명치 않다. 선명치 않다. 그래서 다양성을 주장하는 것이다. 확실함이 없기 때문이다.

그러나 기독교는 다르다.
처음부터 선명하다. 그것은 기독교가 다르다고 주장했기 때문이 다른 것이 아니다. 다르다고 믿고 있기 때문도 아니다. 실제가 그렇기 때문이다. 그러나 하나님을 만나지 못한 사람에게는 여전히 독선적으로 보인다. 논리성과 합리성을 벗어난 주장으로 보인다. 누군가 지적을 했다. 성경의 진리는 체험되기 전까지는 논쟁적이다. 그리고 비판을 동반한다. 그때까지는 그 어떤 주장도 무의미하다. 논쟁적인 소모거리에 불과하기 때문이다. 그러나 체험된 후에는 다르다. 더 이상 논쟁거리가 아니라 진리가 되었기 때문이다. 칼 융에게 기자가 따지듯이 물었다. "당신은 하나님을 믿는 사람입니까?" 그가 대답했다. "나는 하나님을 아는 사람입니다." 더 이상 무슨 논쟁이 필요한가?

분명 성경의 진리는 체험될 때까지는 모호하다.
사실이다. 종교적인 교리로 보이기 때문이다. 그래서 믿을 수도 있고 부인할 수도 있는 가능성이 동시에 존재한다. 아니 어찌 보면 세상의 시각에서는 기독교가 주장하는 진리는 비정상적이고 비상식적이고 비논리적이다. 물론 세상이 주장하는 상식을 충실히 따른다면 그렇다는 것이다. 그러나 진리에 체험된 사람에게는 더 이상 논리적인 대상이 아니다. 논리의 논제를 벗어난 진리가 되었기 때문이다.

그래서 일까?
일반적으로 교만한 사람에게는 성경은 닫혀 있다. 물론 예외도 있다. 보편적으로 그렇다는 것이다. 그러나 겸손한 사람에게는 성경의 말씀은 언제나 구원의 가능성을 열어준다. 최소한 자신의 한계를 뼈저리게 깨달은 사람에게는 그렇다. 삶의 정상에서 크게 실망하여 울어 보았던 경험을 가진 사람에게는 더욱 그렇다. 인간의 한계에 부딪힌 사람에게도 마찬가지다. 특별히 난제라는 거대한 절벽 앞에 절규한 사람에게는 성경은 더욱 열려 있다. 왜냐하면 성경은 그런 사람을 위해서 기록되었기 때문이다. 바로 이런 이유로 예전에는 철학에 한계에 부딪힌 사람만이 신학의 길이 열릴 수 있다고 했다.

1) 하나님의 형상과 모양: 창세기 1장 26-27절

"하나님이 이르시되 우리의 형상(image)을 따라 우리의 모양(likeness)대로 우리가 사람을 만들고 그들로 바다의 물고기와 하늘의 새와 가축과 온 땅과 땅에 기는 모든 것을 다스리게 하자 하시고, 하나님이 자기 형상 곧 하나님의 형상대로 사람을 창조하시되 남자와 여자를 창조하시고"

인간은 하나님의 형상과 모양대로 창조되었다.
형상의 히브리어는 "첼렘"이다. 그 의미를 해석하자면 참 실상(reality)에 대한 비유다. "그림자 혹은 이미지(image)"로 번역할 수 있다. 그리고 모양은 "데무트"다. 눈에 보이는 구체적인 형태를 지닌 모습(likeness)이다. 그렇다면 인간이 하나님의 형상과 모양대로 창조되었다는 것은 어떤 의미인가?

이 경우는 예를 들어 설명하는 것이 더 쉽다.
피아노가 존재하는 이유는 무엇인가? 피아노만의 독특한 소리를 내기 위함이다. 그 소리를 "형상(image)"이라 하자. 물론 그 소리는 눈에 보이지 않는다. 그러면 "모양(likeness)"은 그 소리를 가장 잘 낼 수 있도록 눈에 보이도록 구체적으로 만들어진 피아노다. 즉 피아노만의 고유한 소리(image)를 낼 수 있도록 제조자가 피아노라는 구체적인 모습(likeness)으로 만든 것이다. 인간의 창조도 마찬가지다. 눈에 보이지 않는 하나님을 가장 잘 드러낼 수 있도록 인간은 그의 형상과 모양대로 창조되었다. 그래서 존재하는 것 중에 인간만큼 하나님을 잘 드러낼 수 있는 것은 없다. 반대로 하나님을 드러내지 못하면 인간만큼 불행한 존재는 없다.

자연은 하나님의 흔적이고 인간은 하나님의 직접적인 표현이다. 창조된 모든 생물 중에 가장 완벽하게 하나님을 들어 낼 수 있는 존재가 인간이기 때문이다. 하나님이 인간을 창조하신 유일한 목적이다. 그래서 인간은 하나님을 표현하는 순간에만 그 본래의 존재

가치가 살아나게 된다. 마치 피아노가 연주자에게 연주될 때 그 존재가 극대화되는 것과 같다. 반면에 연주되지 못하는 피아노의 존재가치는 희미하다. 혹은 누군가 피아노를 가지고 장구소리를 내려고 것도 이상하다. 피아노의 존재 가치를 무의미하게 만들기 때문이다. 마찬가지다. 인간이 하나님을 드러낼 때만 그 존재가치가 가장 극대화된다. 그때 비로소 인간은 가장 완전한 안식과 행복을 누릴 수 있게 된다. 하나님이 인간을 그렇게 창조하셨기 때문이다.

"내 이름으로 불려지는 모든 자 곧 내가 내 영광을 위하여 창조한 자를 오게하라. 그를 내가 지었고 그를 내가 만들었느니라. (사 43: 7)"

"이 백성은 내가 나를 위하여 지었나니 나를 찬송하게 하려 함이니라.(사 43: 21)"

그렇다.
인간은 하나님을 나타낼 때 극도의 존재감을 느끼게 된다. 동시에 가장 완벽한 안식함과 행복감 그리고 희열감을 누릴 수 있다. 찬양과 기도 그리고 예배는 가장 직접적으로 하나님을 들어내는 수단이며 목적이다. 물론 삶의 현장도 마찬가지다. 그래서 누군가 하나님이 주시는 안식과 행복을 체험하고 싶다면 진실 되고 순수한 마음으로 하나님을 들어내면 된다. 그러면 즉각적으로 그 감정을 체험할 수 있게 될 것이다. 물론 이미 하나님을 체험한 사람들에게만 해당되는 말이다. 그렇게 지음을 받았기 때문이다. 그러므로 하나님을 들어내는 삶이 가장 우선이 되어야 하고, 삶의 목적이 되어야 한다. 성경이 몸을 다하고 뜻을 다하고 생명을 다하여 하나님만을 섬기라고 한 가장 근본적인 이유다. 참된 안식과 행복을 주기 위함이다.

칼 융의 오랜 연구 결과다.

물론 삶을 통한 연구다. 집단무의식이 곧 하나님의 형상임을 알게 된 것이다. 그는 하나님이 인간을 창조할 때 마음속에 새겨 넣은 것이 곧 하나님의 형상임을 알게 되었다. 그래서 인간은 자신의 창조주인 하나님을 만나기 전까지는 결코 안식할 수 없다는 주장을 했다. 사업에 성공을 하여도 그리고 출세를 하여도 만족이 없는 이유를 그 근거로 제시한다. 물론 그러한 것을 성취한 경우에도 일종의 만족함을 느낄 수는 있다. 그러나 일시적이다. 그 이후에 다가오는 공허함은 피할 수 없기 때문이다. 혹은 도를 깨달았다고 주장하여도 지속된 만족함을 근본적으로 채울 수 없는 이유다. 오직 하나님의 존재를 나타낼 때만 참된 만족을 누릴 수 있다. 그래서 바울사도는 우리의 만족은 오직 하나님께 난다(고후 3:4-5)고 했다.

체험된 진리만이 자유 함을 줄 수 있다.

진리에 관한 중요한 하나님의 말씀 중에 하나는 요한복음 8장 32절에 기록된 말씀이다. "진리를 알지니 진리가 너를 자유케 하리라." 진리를 알지니라는 것은 진리를 체험하라는 것이다. 단순한 지적인 동의나 깨달음이 아니다. 그 정도의 수준에서는 자유 함을 체험할 수 없기 때문이다. 오직 진리를 체험할 때만 자유 함을 느끼게 된다. 영어 성경은 "You shall know the truth, and the truth will make you free"라고 번역을 했다. "know(γνώσεσθε)"란 경험해서 안다는 의미다. 따라서 헬라어 원문을 그대로 직역을 하면 이렇게 번역할 수 있다. "그 진리를 체험하게 된다면 그 진리가 너를 자유롭게 하리라." 혹은 "그 진리를 체험하라, 그러면 그 진리가 너를 자유롭게 할 것이다."

그러므로 실질적으로 자유를 체험하지 못했다면 진리를 모르고 있는 것이다. 그렇다. 진리는 체험하는 것이다. 연구하는 것도 아니고 분석하는 것도 아니다. 왜냐하면 그렇게 한다고 해서 자유가 체험되어지는 것이 아니기 때문이다. 무엇보다도 진리는 직접 체험되어야 한다. 그래야 실질 적으로 자유 함을 느끼게 된다. 그래서 예수는 자신이 주는 물을 "마시라" 한 것이다. 체험하란 뜻이다. 경험하란 뜻이다. 그래서 파스칼은 "진리는 이성으로 느끼는 것이 아니라 가슴으로 느끼는 것"이라 주장한 것이다.

보안시켜 주는 말씀이다.
"누구든지 목마르거든 내게로 와서 마시라. 나를 믿는 자는 성경에 이름과 같이 그 배에서 생수의 강이 흘러나리라(요 7:37)."

갈증이 생길 때 물을 마셔야만 해소된다.
마실 물이 있다는 것만으로 갈증이 해소되는 것이 아니다. 또는 물에 대하여 연구를 하고, 분석 한다고 해도 갈증은 해소되지 않는다. 직접 물을 마셔야 한다. 그때 비로소 갈증이 해소된다. 마찬가지로 진리는 체험되어야 자유를 느낄 수가 있게 된다.

하나님의 형상대로 인간은 창조 되었다.
만약 이것이 사실이라면 하나님을 떠난 삶에는 어떤 존재 가치도 부여 할 수 없다. 하나님을 떠난 삶 그 자체가 방황이기 때문이다. 심지어는 죄의 근원이 된다. 그래서 괴테는 파우스트의 말을 빌어서 "죄란 안식을 모르는 영혼"이라 했다. 왜냐하면 죄 그 자체가 하나님을 떠난 상태에서 벌어진 일이기 때문이다. 그렇다면 인간의 정상적인 삶이란 하나님의 품 안에 있을 때만 가능한 것이 아닌가? 인간이 하나님의 품안에 있을 때만이 정상적인 행복을 누릴 수 있게 된 가장 큰 결정적인 이유다. 동시에 하나님의 품 안에 있을 때만이 인간의 존재가치가 가장 극대화 될 수 있는 이유다.

물론 이 사실은 하나님을 체험한 사람에게만 해당되는 말이다.
누군가 하나님을 지적(知的)으로 알거나 교리적인 수준으로 이해하는 사람들에게는 전혀 공감될 수 없는 말이다. 그러므로 공감할 수 없다는 반론을 제기하기 전에 먼저 실질적으로 하나님과의 체험이 있는가를 물어야 한다. 하나님과의 체험이 없다면 그 어떤 논쟁도 무의미하기 때문이다. 설사 논쟁에서 이긴다 할지라도 글자 그대로 논쟁이기에 답이 될 수 없다. 목마름의 문제를 해결 받지 못하기 때문이다. 그러나 하나님을 체험하게 되면 즉각적으로 목마름이 해결된다. 바로 그 때에 하나님의 형상대로 인간이 창조되었다는 성경의 말씀은 진리가 된다.

2) 안식은 하나님만의 고유한 영역이다: 창세기 2장 2-3절

"하나님이 그가 하시던 일을 일곱째 날에 마치시니 그가 하시던 모든 일을 그치고 일곱째 날에 안식하시느니라. 하나님이 그 일곱째 날을 복되게 하사 거룩하게 하셨으니 이는 하나님이 그 창조하시며 만드시던 모든 일을 마치시고 그날에 안식하셨음이니라."

하나님은 6일 동안에 세상에 존재하는 모든 것을 창조하셨다. 그리고 그 날 맨 마지막 순간에 인간을 창조하셨다. 그런 후에 즉 7일째 되는 날에 하나님은 안식하셨다. 따라서 인간은 창조된 바로 그 다음날에 하나님과 함께 안식에 동참 할 수 있었다. 그 때까지 안식을 얻기 위해 인간이 무엇인가 행한 것이 없다. 물론 시간적인 여유조차도 없었다. 그럼에도 불구하고 인간은 제 칠일에 안식을 누렸다. 이것은 아주 중요하다. 무엇보다도 안식이 인간의 노력으로 얻어지는 것이 아님을 알 수 있기 때문이다. 두 번째로 안식이 하나님에게만 속해 있음도 알 수 있다. 결론적으로 하나님이 안식을 주실 때만 인간은 안식을 누릴 수 있다는 것이다. 혹은 하나님과 동행했을 때만 가능하다. 기억해야 될 아주 중요한 말씀이다. **안식은 하나님의 고유한 영역**이라는 것이다. 인간이 아무리 노력을 하여도 참된 안식을 얻을 수 없는 가장 확실한 이유다. 그래서 일까? 안식은 언제나 수동적이다. 많은 분들에게 익히 알려져 있는 성경 말씀이다.

> "평안을 너희에게 끼치노니 곧 나의 평안을 너희에게 주노라. 내가 너희에게 주는 것은 세상이 주는 것과 같지 아니하니라 (요 14: 27)."

> "내가 주는 물을 마시는 자는 영원히 목마르지 아니하리니 내가 주는 물은 그 속에서 영생하도록 솟아나는 샘물이 되리라 (요 4: 13)."

> "내가 곧 생명의 떡이니 내게 오는 자는 결코 주리지 아니할 터이요 나를 믿는 자는 영원히 목마르지 아니하리라(요 6: 35)."

중세 철학자며 사상가며 신학자인 안셀름의 고백이다.

> "우리의 갈망은 그 기원이 다름 아니라 하나님께 있으며 오직 하나님에 의해서만 만족될 수 있다."

그렇다면 하나님은 6일 동안에 창조된 것에는 어떠한 복을 허락하셨는가? 생육하며 번성하며 충만할 수 있는 복을 주셨다. 세상을 다스릴 수 있고 지배할 수 있는 복이다. 그러나 안식의 복은 주지 않았다. 안식의 복은 7일 날에 주셨다. 다른 말로 표현하면 6일 동안에 창조된 것에는 안식이 없다는 뜻이다. 그러므로 6일 동안에 창조된 것들을 소유하여서 안식을 누리려 한다면 반드시 실패한다. 헛된 일이 된다. 그래서 솔로몬은 해 아래서 수고한 모든 것이 헛되고 헛되다고 했다. 물론 공자와 석가의 유언도 같은 이유로 부질없다고 한 것이다. 트리나 폴러스(Trina Paulus)가 "그 곳에 아무것도 없어(There's nothing at the top)"라고 외친 이유다.

그러나 우리는 행복하려면 6일 동안에 창조된 환경이 좋아야 한다고 생각한다. 행복에 대한 지독한 선입감이다. 아주 고질적이다. 환경이 좋으면 좋을수록 더욱더 행복해질 수 있다는 선입감이다. 물론 좋은 환경이 되면 행복 할 수 있다는 것은 전혀 틀린 생각은 아니다. 이론적으로는 타당하기 때문이다. 너무나 당연하여서 이론(異論)을 제기 할 필요조차도 없어 보인다. 그래서 누군가 환경이 나빠도 행복할 수 있고, 환경이 좋아도 불행할 수 있다는 주장을 듣게 된다면 조금은 낯설어 한다. 신기하게 생각하며 특별하게 생각한다. 그러다가 막상 실제의 삶에 부딪히게 되면 행복은 환경과 직접적인 상관이 없다는 것을 알게 된다. 그 때 당황한다. 그러나 그럼에도 불구하고 한편으로는 여전히 행복해지기 위하여 끊임 없이 환경을 개선시키려는 노력은 포기하지 않는다. 그것도 죽을 때까지 한다. 아니 죽어가는 마지막 순간까지도 그 노력을 포기하지 않는다. 그래서 지독한 선입감이며 동시에 모순인 것이다. 혹 자신은 그렇지 않다고 생각하는가? 그렇다면 점검해보자. 지금 행복 그 자체를 얻기 위해서 살고 있는가? 아니면 행복해질 수 있는 환경을 만들기 위해서 살고 있는가? 다시 말하자면 전자는 행복 그 자체에 대한 관심이다. 반면에 후자의 관심은 환경이다.

행복의 추구함(The Pursuit Of Happiness)

 2013년 7월 15일 "타임(Time)"지의 주제는 행복이다. 그런데 단순한 행복이 아니라 "행복의 추구함"이다. 기본적으로 모든 사람들이 행복을 축구하는 삶을 살고 있다는 전제에서 나온 기사다. 물론 환경이 좋으면 행복할 것이라는 전제다. 그래서 행복하지 못한 것은 환경 때문이라는 생각을 들게 한다. 이미 타임지는 2012년 10월 22일에도 행복할 수 있는 9가지의 요소(The Nine Components of Happiness)들을 발표하였다. 행복할 수 있는 좋은 환경들이다. 즉 행복하게 해줄 수 있다고 믿어지는 환경적인 요소들이다.

1) 심리적 안정감(psychological well-being)
2) 건강(health)

3) 적절한 시간 사용(time use)

4) 교육(education)

5) 문화의 다양성과 탄력성(cultural diversity and resilience)

6) 좋은 정부(good governance)

7) 지역사회의 활동성(community vitality)

8) 생태계의 다양성과 회복성(ecological diversity and resilience)

9) 적절한 삶의 기준(living standards)

그렇다면 이런 요소들 속에 있는 사람들은 과연 행복한 삶을 살고 있는가? 물론 어느 정도는 연관성이 있을 것이다. 타임지의 연구발표이기에 신뢰성도 있을 것이다. 그런데 모순되게도 타임지는 스스로가 아니라는 답을 내리고 있다. 기사의 말미에 제퍼슨의 삶을 그 예화로 들고 있다. 기자는 인간이 행복을 느낄 수 있는 환경이 그 어느 시대보다도 좋아 졌다는 것으로서 시작한다. 당연히 그 어느 시대보다도 행복을 느낄 수 있어야 한다. 그런데 현실은 그렇지 못하다. 그것에 대하여 기자는 답답해한다. 미국 독립선언서에서 "행복을 추구할 수 있는 권리"를 강조하였던 토마스 제퍼슨의 개인적인 삶을 그 예로 들었다. 행복을 추구하여 일평생을 살았지만 현실의 삶에서는 그렇지 못했기 때문이다. 마찬가지다. 대부분의 사람들은 행복을 추구하며 산다. 그러나 토마스와 같은 삶을 벗어날 수 없다. 쇼펜하우어의 말처럼 "인간은 결코 행복해질 수 없지만 자신을 행복하게 해 줄 수 있다는 생각 속에서 전 생애를 보내고 있는 것이다."

아름다운 미모를 가진 43세의 성공한 여의사다.

그녀는 대학교수며 사랑받는 부인이며 어머니다. 그런데 자신을 불행하다고 생각하였다. 엘리자베스 퀴블러스 로스의 책에 나오는 여인의 이야기다. 로스 박사가 질문 했다. "도대체 무엇이 문제인가요? 무엇이 당신을 불행하다고 생각하는 것인가요?" 그녀의 답이다. "조금 더 성공을 해야 하는데, 능력의 한계에 부딪히고 있습니다. 얼굴이 조금만 더 예뻤어야 했습니다." 박사는 충격을 받았다. 왜냐하면 보편적으로 비교하여 볼 때 그녀는 행복할 조건을 누구보다도 많이 가졌기 때문이다. 무엇보다도 그녀는 남편으로부터 사랑을 받을 뿐 아니라 경제적으로 풍요로운 생활을 하고 있었다. 더욱이 남들보다 많이 배웠다. 그것도 누구나 부러워하는 하버드대학의 교수다. 건강하며 존경도 받고 있다. 그리고 적당한 선에서 자선을 베풀 줄 아는 삶을 살고 있었다. 평균 여성보다도 아주 우월한 미모를 가졌다. 만약에 그녀의 말이 사실이라면 세상에 많은 사람들은 불행 속에서는 살고 있는 것과 마찬가지다. 그래서 박사는 **"환경이 좋아서 행복한 것이 아니라 행복함을 느끼는 사람이 행복한 것"** 이라는 결론을 내렸다.

우리 모두의 질문이다.

행복하려면 반드시 행복할 수 있는 좋은 환경이 되어야만 하는가? 물론 행복과 환경과의 상관관계는 분명이 존재한다. 누구도 부인할 수 없다. 아니 있어 보인다. 그러나 냉정한 의미로 깊이 따져 들어가 보면 꼭 그런 것만은 아님을 알 수 있다. 물론 전혀 연관이 없다는 것은 아니다. 전쟁터에서나 혹은 질병 때문에 고통스럽게 죽어가는 사람들을 행복하다고 말할 수 없기 때문이다. 그렇다고 해서 좋은 환경에 살고 있는 사람들은 모두가 행복할 것이라는 말도 할 수 없다. 부유한 국가일수록 자살률이 많다는 것은 무엇을 의미하는 것일까? 반대로 가난한 국가일수록 행복 지수가 높다는 것은 무엇을 의미하는가? "가장 부유한 이들이 오히려 가장 불행한 이들일 때가 많다"는 말은 환경이 좋아야만 행복하다는 주장을 어색하게 만들고 있지 아니한가?

모두가 행복을 추구한다.

그러나 누구나 다 행복을 체험하는 것은 아니다. 최적의 환경 속에 있더라도 행복을 체험하게 되는 것도 아니다. 그럼에도 불구하고 인간들은 행복을 추구하는 본성(impulse) 때문에 끝임 없이 행복을 추구하는 삶을 살아간다. 그런데 그 추구함은 행복 그 자체가 아니다. 자세히 살펴보면 행복을 추구하는 것이 아니라 행복할 수 있다고 믿어지는 환경을 추구하는 것임을 알 수 있다. 즉 행복을 추구하는 삶이 아니라 행복할 수 있다고 믿어지는 환경 만들기에 인생을 소비한다. 그래서 타임지의 시작은 희망이지만 끝은 우울하다. 제목은 행복해 보이는데 그 내용에는 행복은 누릴 수 없다는 결론을 내린 것으로 받아들여졌기 때문이다.

이제 이런 말을 받아들이는 것은 어떤가?

행복과 환경은 상관이 없다는 것을. 우리가 고전적으로 혹은 격언처럼 늘 듣던 말이 아닌가? 엄격하게 말하자면 행복이란 마음속에서 일어나는 메카니즘의 결과가 아닌가? 물론 신경학자들에게 신경의 메카니즘이다. 비록 외부의 환경에 영향을 받는 것은 부인할 수 없는 사실이지만 그 자체가 행복을 결정짓는 것은 아니다. 물론 전혀 그렇지 않다는 것을 받아들이기는 쉽지 않다. 최소한 환경이 좋아야만 행복할 수 있다고 믿는 사람들에게는 이미 영향을 끼치고 있기 때문이다. 그러나 최적의 환경 속에 있다고 해서 반드시 행복함을 느끼는 것은 아니지 않는가?

참된 안식과 행복은 하나님만이 주실 수 있다.
하나님의 고유한 영역 속에만 존재하기 때문이다. 그러므로 6일 동안에 창조된 그 어떤 것을 소유하여도 안식을 누릴 수 없다. 물론 약간의 성취감은 있을 수 있다. 그러나 일시적이다. 그 뒤에 오게 되는 공허감이 이를 증명할 것이다. 사실상 성취감이란 행복과 안식을 추구하기 위한 위장된 것이다. 그래서 일까? 트리나 폴러스는 그의 책(『꽃들에게 희망을』) 통해서 이런 고백을 한다. "뭐냐 기껏 올라 왔는데 아무것도 없잖아(There's nothing here at all)?" 물론 속았다는 것에 대한 탄식이다. "행복의 깊숙한 곳이야 말로 절망이 가장 편하게 머무르는 곳"이라 했던 키에르케고르의 말도 별반 다르지 않다. 어떤가, "세상에서 가장 방황하는 사람은 하나님 없이 성공적인 삶을 즐기려고 사람"이라고 주장했던 넬리 작스의 말이 한층 공감되지 않는가? 물론 대다수의 많은 사람들은 이 사실조차도 깨닫지 못하지만 말이다.

솔로몬은 결코 세상에 실패한 사람이 아니다.
오히려 가장 성공적인 삶을 살았던 사람이다. 세상에서 가장 절대적인 권력을 누렸던 왕 중에 하나다. 그뿐 아니라 세상에서 가장 지혜로운 왕으로서 역사상 가장 화려한 삶을 살았다. 은을 돌같이 사용하였으니 그의 부요함과 풍성함이 얼마정도가 될지 가늠할 수 있지 않을까? 무엇하나 부족함이 없는 환경에서 최고의 권력을 향유하며 최고로 지혜로운 삶을 살았다. 그런데 그 스스로가 자신의 모든 삶이 부질없었다고 고백한다. 세상 모든 것을 가장 풍성하게 누렸던 사람의 뒤늦은 깨달음이다.

> "전도자가 가로되 헛되고 헛되며 헛되고 헛되니 모든 것이 헛되도다. 해 아래서 수고하는 모든 수고가 사람에게 무엇이 유익한가(전 1:2-3)."

세상 것을 취하여는 참된 안식을 얻을 수 없는 근본적인 이유다. 그 안에 안식이 없기 때문이다. 이런 점에서 행복과 환경을 연관 지으려는 것은 어리석은 시도라고 루이스는 주장한다. 그는 말하기를 "환경이 안식이나 행복을 주는 것이 아니라 하나님이 안식을 준다. 인간의 실존에는 심오하고 강렬한 열망이 있는데 이 땅의 사물이나 경험으로는 만족 시킬 수 없다"고 했다.

결론이다.
참된 안식은 오직 하나님만이 주실 수 있다. 결코 6일 동안에 창조된 물질세계를 통해서는 안식을 취할 수 없다. 그 곳에 안식이 존재하지 않기 때문이다. 더불어 안식은 하나님만의 고유한 영역이기 때문이다. 그래서 일까? 줄리안은 하나님만이 우리의 참된 안식이라 했다. 장 모로의 고백이다.

"우리에게 참 만족을 주실 수 있는 분은 오직 하나님뿐이다. 왜냐하면 태초에 우리는 그렇게 하나님과 사귀면서 그분 앞에서 희락을 누리도록 지음을 받았기 때문이다."

3) 하나님을 떠난 삶이 곧 방황이다: 창세기 4장 16-17절

"가인이 여호와 앞을 떠나서 에덴 동쪽 놋 땅에 거주하더니 아내와 동침하매 그가 임신하여 에녹을 낳은지라. 가인이 성을 쌓고 그의 아들의 이름으로 성을 이름 하여 에녹이라 하니라."

가인이 하나님의 곁을 떠났다.
하나님은 그의 범죄 함에도 불구하고 지켜 주셨다. 그러나 그는 하나님의 곁을 떠났다. 마치 누가복음 15장에 나오는 탕자가 아버지 품을 떠난 것처럼 말이다. 그런데 에덴의 성경적인 의미는 "행복(ultimate happiness)", 혹은 "기쁨(state of bliss)"이다. 결국 그가 떠난 것은 하나님만이 아니라 행복 혹은 기쁨의 삶에서도 떠난 셈이다. 그래서 일까? 가인이 거주하는 땅의 이름은 공교롭게도 놋(Nod)이다.

그런데 놋이라 의미는 방황함이다.
혹은 유리함이다. 그러므로 가인이 하나님을 떠나 놋 땅에 살았다는 의미는 방황하는 삶 혹은 유리하는 삶을 살고 있다는 의미다. 설사 그가 놋 땅에 살지 않아도 그는 여전히 유리하는 삶에서 벗어날 수 없다. 이미 하나님을 떠난 순간에 유리하는 자가 되었기 때문이다(창 4: 12, 14). 그러므로 그가 어떤 종류의 삶을 살게 된다할지라도 그 삶은 유리하는 삶에 불과하다. 혹 그가 위대한 업적을 남겼다 할지라도 마찬가지다. 왜냐하면 그의 삶, 그가 거하는 땅 그 자체가 바로 방황과 유리이기 때문이다.

가인의 문제는 또 있다.
그것은 하나님의 곁을 떠나서 생긴 행복의 공백을 채우려는 본성을 벗어날 수 없기 때문이다. 그래서 일까? 그는 놋 땅에 거하면서 자녀를 낳고 성을 건축하였다. 그리고는 자녀와 성의 이름을 에녹이라 지었다. 그 의미는 시작, 혹은 처음이라는 뜻이다. 도대체 무엇을 시작한다는 것일까? 혹 하나님이 에덴동산을 창설한 것처럼 그 역시도 자신만의 에덴동산을 만들기 시작한 것은 아닌가? 그렇다면 이것은 하나님이 없는 문화의 시작이 아닌가? 왜냐하면 성(城)이란 박상영교수의 지적대로 오늘날의 도시와 같이 문화의 시작이며 상징이기 때문이다. 물론 성경에서의 문화명령은 인간의 타락이전에 주어졌다. 그러나 실질적으로 문화의 시작은 타락 이후 가인으로부터 생겨났다. 그리고 그 문화의 시작은 에녹이라는 성을 통해서 구체화 되었다. 특히 4장 21절과 22절은 더욱 구체적이다.

학자들은 이 성구를 인용하며 유발을 음악의 시조라 부르며 두발가인을 기계문화의 시조라 부른다. 그렇다면 이런 질문이 생겨난다. 혹 문화의 시작은 하나님의 곁을 떠났기에 생겨났던 마음의 공백을 채우기 위해서가 아닐까?

이런 점에서 알렉산더 솔제니친(Alexander Solzhenitsyn)은 혜안을 준다. 물론 신앙과 문화에 대한 것이다. 그는 "한 마디 진리(One Word of Truth)"를 통하여 이런 고백을 한 적이 있다. 예술을 통해 사람들은 가끔은 희미하게 잠시 잠깐 동안에 이성적 사고로 얻을 수 없는 계시를 받게 된다. 그것은 마치 동화 속에 나오는 작은 거울과 같다. 그러나 그 거울을 들여다볼 때 우리가 보게 되는 것은 우리 자신의 모습이 아니다. 잠시 잠깐 당신은 어떤 도달할 수 없는 곳, 어떠한 말이나 마술 양탄자도 당신을 데려다줄 없는 그곳을 흘끗 보게 된다. 우리의 영혼이 갈망하는 바로 그곳이다.

마르바 던(Marva Dawn)은 신앙과 문화에 대하여 아주 직설적이다. 인간 내부 깊숙한 곳에는 완전을 향한 갈망이 존재한다. 그런데 문화에 산재한 온갖 매춘부들은 이러한 갈망을 만족시키려고 경쟁하듯이 유혹한다. 그러나 하나님의 임재를 경험하는 거룩한 시간만이 갈망을 채울 수가 있다. 결코 문화를 통해서는 우리 내부의 깊은 곳에서 흘러나오는 갈망을 채울 수 없다고 주장한다. 문화에 대하여 이렇게 직설적으로 표현한 사람은 보기 드물다. 어쩌면 극단적인 표현일 수도 있다. 특히 신앙과 문화에 대하여 긍정적인 시각을 가졌던 사람들에게는 충격이 될 표현이기도 하다. 그렇다고 해서 그녀가 문화를 배격한 것이라 생각하면 오해다. 단지 문화를 통해서는 인간의 내면에 존재하는 근본적인 갈망을 해소할 수 없음을 강조한 것뿐이다.

그렇다면 우리의 삶은 어떤가?

물론 던의 시각에서의 질문이다. 그 누구도 그녀의 지적에서 벗어날 수 없다. 아니 어쩌면 그녀가 지적한 삶을 살고 있을지도 모른다. 인정하든지 혹은 안하든지 우리는 다음과 같은 삶의 테두리 안에서 살고 있기 때문이다. 스피노자가 지적한대로 최선의 부귀, 명성, 그리고 쾌락 등을 할 수만 있으면 더 얻고 누리려하기 때문이다. 소위 말하는바 성공에 대한 열정이다. 반면에 그 열정에서 벗어난 사람들도 있다. 그렇다고 해서 그들도 예외는 아니다. 자신만의 특별한 삶을 통하여 갈망을 해소하려는 시도를 벗어 날 수 없기 때문이다. 이를테면 스타들을 우상시하며, 여행과 스포츠, 그리고 예술 등과 같은 삶을 통하여 무엇인가에 집중하는 삶을 살려는 것이 그렇다. 혹은 즐기려 한다. 당연히 그 안에 즐거운 감정도 존재한다. 더불어 그 안에서 일시적이지만 소소한 행복도 누릴 수 있다. 물론 그 자체에 의미와 가치를 부여하면 기쁨은 배가 될 수도 있다. 그러나 한편으로 즐길수록 무엇인가 부족하고 모자람이 있음도 발견된다. 그러면 그럴수록 더욱 그 부족함을 채우기 위해서 열정을 낸다. 그러나 그 때마다 채워지지 않는 그 어떤 것이 있음을 알고 당황한다.

그럼에도 불구하고 여전히 좋은 환경이 되면 행복할 것이라 생각하는 사람도 있다. 자신을 행복하게 해줄 수 있다고 믿고 있는 환경을 만들기 위해서 최선을 다하는 사람들이다. 심지어는 전 인생을 바친다. 그러나 그런 것을 이룬 후에 오는 공허함은 더욱 절망시킨다. 최선을 다한 삶을 살았기 때문이다. 그래서 성공 이후에 오는 공허함과 허무함은 종종 자살로 연결된다. 더 이상 바랄 곳이 없기 때문이다. 극단적인 선택을 하는 이유다. 헤밍웨이는 그중에 한 사람이다. 성공된 삶이 보장하여 주는 여러 가지가 있다. 그 중에 가장 심각한 것은 모순되게도 공허함이다. 이것이 소위 플라톤이 말하는 생존의 문제를 해결 받은 후에 생겨나는 문제다. 특별히 최선을 다해 성공한 사람에게는 더욱 그렇다. 공허함을 견딜 수가 없어서 그랬을까? 그는 다음과 같은 글을 남기고 자살했다.

"나는 필라멘트가 끊긴 텅 빈 전구처럼 공허하다."

반면에 블레이즈 파스칼은 다르다.
"인간이 행복과 만족을 추구하는 것은 실은 인간이 하나님을 갈망한다는 사실을 보여주는 현상이다." 그러면서 다음과 같은 말을 했다. "이러한 갈망과 절망감이 무엇을 말해주는 것이겠는가? 우리 안에는 한때 참된 행복이 있었는데 지금은 사라지고 텅 빈 공간만

남아 있다는 사실이 아니겠는가? 우리는 이 빈 자리를 세상의 온갖 것들로 채워보려고 애쓰지만 헛될 뿐이다. 도움을 주지 못할 것들에게서 도움을 기대하는 것이기 때문이다. 이런 상황에 손 쓸 수 있는 사람은 아무도 없다. 왜냐하면 이 무한한 심연은 오직 무한하고 불변하는 하나님으로만 채워질 수 있기 때문이다." 그래서 그는 선언한다. "하나님만이 우리의 참된 안식이다." 같은 의미로 존 오도노휴도 "하나님 아닌 누구도 우리를 채워 줄 수가 없다"고 주장한다.

가인은 하나님의 곁을 떠난 삶이 방황하며 유리하는 삶인 것을 즉시 알았다. 왜냐하면 하나님과 동행할 때 느꼈던 그 행복과 기쁨이 사라졌기 때문이다. 물론 하나님과 동행하였을 때는 미처 느끼지 못했던 사실이다. 그러나 점차적으로 시간이 지난 후에 그 감정은 무뎌졌다. 물론 그의 후손들은 더욱 무뎌졌을 것이다. 왜냐하면 단 한 번도 참된 행복을 경험한 적이 없었기 때문이다. 즉 방황하는 삶을 살면서도 그 삶이 방황하는 삶인 줄도 모른 채 살고 있었기 때문이다. 그러나 그 어떠한 것으로도 목마름을 채울 수 없다면 그 사실 자체만으로도 방황하는 삶이 아닐까?

그렇다면 이제 하나님의 곁으로 돌아가는 것은 어떤가? 만약 할 수 있는 모든 것을 시도하였지만 아직도 참된 안식을 얻지 못했다면 말이다. 물론 시도할 것이 남아 있다면 그렇게 해야 될 것이다. 그러나 확신하는 것이 있다. 분명히 실패할 것이다. 어거스틴이 지적한대로 하나님을 만나지 못하게 되면 평생 동안 동경의 노예로 살 수 밖에 없기 때문이다. 단언하지만 오직 하나님만이 참된 행복과 기쁨 그리고 안식을 주실 수 있다. 방황하며 유리하는 삶을 살고 있는 가인이 행복과 기쁨의 삶으로 돌아갈 수 있는 길은 단 하나다. 하나님의 품으로 돌아가는 것뿐이다. 그 방법 외에는 없다. 마치 누가복음 15장에 나오는 탕자가 살 수 있는 유일한 방법이 아버지 곁으로 돌아가는 것 외는 없는 것과 같다. 우리도 마찬가지다. 방황하며 유리하는 삶에서 벗어 날 수 있는 유일한 길은 하나님의 품으로 돌아가는 것이다. 왜냐하면 하나님의 곁을 떠난 삶은 그 자체가 방황하는 삶이기 때문이다.

"저가 사모하는 영혼을 만족케 하시며 주린 영혼에게 좋은 것으로 채워 주심이라(시 107: 9)"

맺는 말: 하나님의 형상
(Image of God)

안식은 오직 하나님 안에만 존재한다.
이 땅에서 우리의 힘으로 누릴 수 있는 행복, 기쁨, 평안, 그리고 안식 등은 참된 원형에 대한 그림자에 불과하다. 모형이며 일부분이다. 이런 것들을 온전하게 누리려하면 할수록 미궁에 빠지게 된다. 실망하게 된다. 좌절하게 된다. 세상에 존재하지 않기 때문이며 인간의 힘으로 해결될 수 없기 때문이다. 그러나 **하나님을 체험하게 된다면 목마름이 해결될 수 있다.**

맺는 말: 하나님의 형상(Image of God)

1) 하나님의 형상(Image of God)

칼 쿠스타프 융의 아버지는 목사다.
문학과 철학, 그리고 신학을 전공한 당대에 뛰어난 목사다. 그럼에도 불구하고 복음 그 자체가 주는 감사함 때문에 의도적으로 소외된 지역에서 목회를 했다. 당연히 융도 그 영향력을 받게 되었다. 성장하여 의학을 택한 이유 중에 하나다. 그러나 정신과 의사가 되고 교수가 되었지만 아주 오랫동안 방황하였다. 스스로가 "어둠의 바다"와 같았던 방황은 인생의 말년까지 이어졌다. 그러다가 뜻밖에 신앙에 눈을 돌리게 되는 계기가 생겼다. 그런데 놀랍게도 그 안에서 자신의 오랜 숙제를 풀게 될 실마리를 찾을 수 있었다.

집단무의식이 곧 하나님의 형상임을 깨닫게 된 것이다.
오랜 세월 동안에 자신을 괴롭혔던 그 이유를 마침내 알게 된 것이다. 당연히 그 해결책도 찾았다. 하나님을 만나기 전까지 인간은 결코 안식할 수 없다는 깨달음이다. 오직 하나님만이 갈망을 채워 줄 수 있음을 알게 되었다. 1961년 6월 6일 죽기 전까지, 일평생의 그의 삶은 불청객과 싸움이었다. 그의 표현대로라면 "무의식의 자기(Selbst) 실현의 역사"였다. 그러나 불행하게도 자신은 그 불청객에서 벗어나지는 못했다. 단지 불청객의 원인과 해결책만을 제시하였을 뿐이다. 참으로 안타깝고 불행한 일이다.

안식은 오직 하나님 안에만 존재한다.
그렇다. 하나님 안에 있을 때만 참된 안식을 누릴 수 있다. 이 땅에서 우리의 힘으로 누릴 수 있는 행복, 기쁨, 평안, 그리고 안식 등은 참된 원형에 대한 그림자에 불과하다. 모형이며 일부분이다. 이런 것들을 온전하게 누리려하면 할수록 미궁에 빠지게 된다. 실망하며 좌절하게 된다. 세상에 존재하지 않기 때문이며 인간의 힘으로 해결될 수 없기 때문이다. 이런 점에서 루이스는 인간의 내면에 존재하는 갈망의 정체가 무엇인지를 다시 한 번 구체적으로 설명하여 준다. 반면에 키에르케고르의 경험은 참된 안식을 어떻게 해야만 누릴 수 있는지를 알려 주고 있다. 먼저 루이스의 이야기다.

루이스는 그의 책 『기쁨(Surprised By Joy)**』에서** 이런 말을 했다. 인간의 실존(삶)에는 심오하고 강렬한 열망이 있다. 그런데 이것은 이 땅의 사물이나 경험으로는 만족시킬 수 없다. 그 열망이 하나님을 향하고 있기 때문이다. 우리 생각에 미적인 가치가 있는 것으로 보이는 책이나 음악도 마찬가지다. 만약 우리가 그것들을 신뢰하는 순간 그것들은 우리를 배신할 것이다. 그것은 아름다움이 그것들 안에 있는 것이 아니라 단지 그것들을 통해서 드러나는 것뿐이다. 그것들은 아름다움 그 자체가 아니다. 하나님으로 찾아가는 이정표와 같은 것이다. 그는 말하기를 문학은 하나님을 가리키는 손이라 하였다. "문학을 날개가 짧은 이성이 할 수 없는 하나님의 변증을 훌륭하게 해 낼 수 있는 매개"로 이해를 한 것이다. 즉 루이스는 왜 인간에게 강렬한 열망이 존재하고 있는지, 그리고 그 해결책이 무엇인지를 구체적으로 제시하고 있다. 반면에 키에르케고르는 루이스가 주장했던 삶을 실제로 체험했다.

키에르케고르는 주위에서 인정을 받고 있는 교인이었다.
그러나 자신의 표현대로 교회 안에서 방황하는 교인이었다. 비록 겉보기에는 충실한 교인이었지만 실상은 달랐다. 때로는 철학자요 신학자로서 부끄러움이 없는 신앙인으로 자부하기도 하였다. 그러나 남모르는 고민이 있었다. 내면의 깊은 곳에서는 벌어지고 있는 치열한 갈등 때문이다. 물론 오래된 것이다. 마침내 그 갈등이 폭발하였다. 사랑했던 여인과의 약혼을 파기할 정도로 절망적인 상태가 되었다.

평소에 철학과 신학은 그를 지탱하고 있는 힘이었다.
물론 존재감의 근거도 되었다. 날카로운 지성, 합리적인 논리, 풍부한 지식, 그리고 남들보다 뛰어난 배움은 그의 방패요 창이었다.

그러나 그 지독한 절망의 순간에는 아무런 도움이 되지 못했다. 무거운 짐이 되었다. 오히려 그것들 때문에 쉽게 빠져 나올 수 없었다. 결국 가장 고통스러울 때 그의 자랑이었던 철학과 신학은 그에게 아무런 도움도 주지 못한 것이다.

그런데 놀라운 일이 벌어졌다.

그 지독한 절망을 통하여 뜻밖에 하나님의 은혜를 체험하게 된 것이다. 설교, 책, 그리고 신학 등을 통해서 알고 있었던 하나님이 아니라 체험을 통하여 알게 된 것이다. 기쁨, 안식, 그리고 평화가 물밀듯이 몰려 왔다. 전혀 기대치 못했던 감정이다. 필설로 표현할 수 없었다. 인간의 언어로 감히 표현 할 수 없는 기쁨과 행복을 누리게 된 것이다. 물론 생전에 처음 겪는 행복이며 기쁨임은 두 말 할 필요가 없다. 그 순간의 벅찬 고백이다.

"1838년 5월 19일 오전 10시 30분,
내 마음에 일어나는 무한한 기쁨을 말로 표현할 수 없다. 주안에서 항상 기뻐하라. 내가 다시 말하노니 기뻐하라고 말한 사도 바울의 환호성이 나도 모르게 내 입에서 튀어나왔다. 그것은 내 마음과 영혼으로부터 나오는 완벽한 환호성이다… 나는 내 기쁨에 대하여 기뻐하고, 내 기쁨과 더불어, 기쁨을 통하여, 기쁨에서, 기쁨 안에서, 기쁨으로 말미암아, 기쁨에 기쁨을 기뻐한다. …(중략)…사람들이 어떤 노래를 부르고 있든지, 그 노래를 당장에 그치게 하는 하늘의 노래 소리다. 나는 참된 기쁨을 얻어 이제 기뻐한다."

그렇다.

키에르케고르의 체험은 어떻게 해야 참된 안식을 누릴 수 있는지를 알려 준다. 그것은 하나님을 통해서다. 인간의 마음속에 존재하는 하나님의 형상을 만족 시킬 수 있는 것은 그것을 창조한 하나님 외에 없다. 왜냐하면 그 원인자가 바로 하나님이기 때문이다. 하나님을 만나게 되는 그 순간에 신기하게도 목마름은 해소될 것이다. 동시에 그것이 곧 안식이요 행복인 것을 깨닫게 될 것이다. 그러나 답답하고 안타까운 것은 이 사실은 체험한 사람만이 알 수 있다는 것이다. 물론 이성적으로 설명은 가능하다. 그러나 그 체험된 감정을 이성적으로 전해 줄 수는 없다. 인간의 한계가 아닌가? 아니면 안식과 행복은 인간에게 속하지 않다는 확실한 증거가 아닌가?

이렇게 정리 될 수 있다.

하나님을 만나기 전까지 우리 안에 심겨진 하나님의 형상은 자신의 창조자며 원인자인 하나님을 갈구한다. 그것이 곧 목마름, 동경, 그리고 갈망으로 나타난다. 그 욕구를 다른 것으로 채울 때 나타나는 것이 공허함이며 허무함이다. 물론 잘못된 것으로 채워졌다는 경고다. 그 경고가 바로 철학자 하이네가 지적한대로 앙스트(Angust)다. 하나님으로 채워질 때까지 그 앙스트는 결코 떠나지 않는다. 그러다가 마침내 하나님으로 채워지게 될 때 우리는 세상이 줄 수 없는 자유, 평안, 그리고 안식함을 누릴 수 있게 되어 행복의 절정을 누리게 된다. 인간이 하나님의 형상으로 창조되었다는 가장 확실한 증거다.

2) 문제의 해결: 연역적 접근방법(deductive method)

불청객으로 표현된 목마름은 해결되어야 한다.
그때에 비로소 참된 자유와 안식 그리고 행복의 절정을 체험할 수 있기 때문이다. 어거스틴, 파스칼, 그리고 키에르케고르처럼 해결되기를 바란다. 기독교 신앙이라는 것과 상관없이 모두가 해결받기를 원한다. 해결되지 못한 삶은 너무 힘들기 때문이다. 그러나 기독교 밖에서 해결은 또 다른 난제를 제기하게 될 것이다. 어쩌면 더 지독한 방황 속으로 몰아갈 수도 있을 것이다. 일평생 해결 받지 못하고 프로이드처럼 마지막 순간까지도 공허함 속에 탄식하며 죽어갈 수도 있을 것이다. 그러나 기독교 안이라면 희망은 있다.

혹 하나님을 믿을 수 없다면 이런 방법은 어떤가?
기독교에 대한 나쁜 경험이나 좋지 못한 감정을 가졌다면 잠시만이라도 이런 방법을 취하는 것은 어떨까? 평생토록 목마름에 시달리는 것보다는 훨씬 더 이성적이며 합리적인인 선택이 될 것이다. 그것은 **연역적 접근 방법**(the deductive method)이다.

즉 하나님을 체험하게 된다면 목마름이 해결될 수 있다는 전제다. 물론 이 전제가 실제로 체험되기 위해서는 믿음이 필요하다.

하나님을 만나게 되면 키에르케고르처럼 안식과 행복 그리고 기쁨을 누릴 수 있다는 믿음이다. 그리고 그 전제에 대한 바른 태도는 하나님 앞에 겸손 즉 항복이다. 루이스의 표현대로 "하나님께서 하나님이시라는 사실을 인정하는 항복함"이다. 그것은 오직 하나님만이 목마름의 유일한 해결사이기 때문이다. 단순한 지적 놀이가 되어서도 안 된다. 한두 번 시도하다가 안 되면 그만둔다는 마음도 금기다. 진실성이 결여되기 때문이다. 무엇보다도 전제에 대한 진실성(integrity)이 중요하다.

이렇게 생각하면 어떤가?

구도자의 간절함과 진실성이다. 그것도 힘들다면 과학자들이 가지고 있는 기본적인 태도가 필요하다. 그들은 사실을 증명하기 위해서 먼저 가설을 세운다. 그리고는 그 가설이 맞는지에 대하여 전심전력으로 연구한다. 최소한 이런 정도의 태도가 필요하다. 만약 이런 태도가 실질적으로 마음속에서 이루어지게 되면 겸손하게 될 것이다. 그런데 하나님 앞에서 항복하는 태도가 겸손이다. 그 겸손이 참되게 될 때 절실하며 애통한 마음도 더불어 나온다. 헤세의 표현대로 "절망이 구구절절한" 순간이다. 루이스가 그랬던 것처럼 "나는 드디어 항복 당했다"는 고백도 나오게 되는 순간이다. 그 고백의 표현의 방식은 달라도 어쩌면 이런 내용으로 함축될 것이다. 즉 하나님을 만나게 되면 목마름이 해결 된다는 전제가 믿음으로 전환되는 순간에 튀어져 나오는 함축된 고백이다.

"하나님, 살려주세요!"

3) 불청객의 역할: 하나님께 인도하는 것이다

지쳤나?

물론 나의 이야기다. 대학을 떠난 후에 방황했다. 그런데 그 방황하는 것도 지쳐버렸다. 목마름도 그리고 방황도 힘이 있을 때나 하는 것을 알게 되었다. 한계 상황에 직면했다. 침몰되는 것을 알면서도 아무것도 할 수 없기 때문이다. 다만 무기력한 것만을 느낄 뿐이다. 그런데 어느 순간에 갑자기 무릎이 끌려졌다. 내 자신의 자의적인 의지가 아님은 분명하다. 하나님이라 부른 것이 아니라 분명 하나님이라고 불려졌다. 이런 표현은 어떤가? 마틴 루터의 고백처럼 "되는 것마다 모두가 수동적이다." 그 수동적인 것 위에 절규가 튀어져 나왔다. 의지인지 아닌지 모르겠다. 프랜시즈 톰스의 표현대로 "무릎을 꿇게 된 상태"며 "완전히 무방비 상태"다.

"하나님, 살려주세요?"

이런 상황 속에서 의지와 상관없는 말이 연이어 튀어져 나왔다. 마치 댐에 갇혔던 물이 쏟아져 나오듯이, 가슴속에 갇혔던 것들이 튀어져 나왔다. 평소에 하나님에게 따지고 싶었던 질문들이다. 어쩌면 하나님이 아니더라도 "모든 것을 다 알고 있는 절대적인 존재(the absolute being)"에 대한 외침인지도 모른다. 절실한 심정에서 나온 가장 진실했던 부르짖음이다. 혹은 애통하며 부르짖는 기도라고 불러도 상관이 없다. 심령이 가장 가난한 상태에서 나온 절규이기 때문이다.

> "하나님, 만약에 당신이 살아 계신다면, 제발 절 좀 만나 주시기를 바랍니다. 저는 당신을 만날 능력이 없지 않습니까? 그러나 만약 살아계신다면 당신은 얼마든지 저를 만나주실 수 있는 능력이 있지 않습니까? 만나 주십시오, 진리가 무엇인지 가르쳐 주십시오, 그리고 왜 이렇게 목이 마른 것입니까? 도대체 무엇 때문에 그런 것입니까? 어떻게 해야 됩니까? 하나님, 제발 살려 주십시오…"

가늠할 수 없는 시간이 흘렀다.
그런데 이상해졌다. 설명하기가 묘하다. 특별한 일이 벌어진 것은 아니다. 그런데 이상하게 하나님의 임재가 느껴졌다. 그분이 믿어진 것이다. 그런데 이것이 오히려 특별한 기적이다. 왜냐하면 평소에는 하나님을 믿고 싶어도 믿지 못했기 때문이다. 동시에 오랫동안 억눌린 것에서 벗어난 기분이 들었다. 글자 그대로 자유함 속에 있었기 때문이다. 마냥 기뻤다. 어쩌면 자유와 기쁨의 포로가 되었다는 표현이 더 적합할지도 모른다.

마치 루이스가 하나님을 믿게 된 것과 같은 상황이 벌어졌다.
그 날 그는 분명 집을 떠날 때는 회의론자였다. 그런데 오랜 친구며 동료 교수인 휴고 다이슨과(Hugo Dyson) 톨킨(J. R. R Tolkien) 과 헤어져 집으로 돌아오는 중에 변화된 것이다. 더 정확하게 표현하면 이렇다. 오토바이를 타고 동물원을 가는 중에는 예수 그리스도가 하나님의 아들이라는 사실은 분명 믿지 못했다. 그러나 동물원에 도착하였을 때는 믿고 있었다. 그렇다고 해서 가는 길에 특별한 일이 벌어진 것은 아니었다. 격정에 휘말려지지도 안했다. 그러나 자신이 하나님에게 항복당한 것만큼은 확실했다. 하나님에게 정복당했기에 벌어질 수 있는 일들이 그에게 일어났기 때문이다. 그 이후 자신을 괴롭혔던 켈트족의 우울증도 사라졌다. 이전보다 몰라보게 즐거워졌다. 아니 행복해졌다. 그는 그 감정을 "조이(Joy)"로 표현했다. 이 사건은 1931년 9월 19일 저녁에 벌어졌다.

얼리스터 맥그라스도 마찬가지의 경험을 했다.
무신론자로 옥스퍼드 대학에 입학을 했다. 그런데 그 해 크리스마스 방학 때 집에 왔을 때는 하나님을 믿고 있었다. 그 사이에 마음속에 어떤 변화가 있었던 것이다. 이런 심적 변화를 일찍이 경험했던 마틴 루터는 "하나님 앞에서 낯선 행위(Opus Alienum)"라 표현했다. 그 역시도 조금 전까지 하나님에게 화가 났었다. 그래서 아주 심할 정도로 원망했고 불평했다. 그런데 어느 순간에 하나님께 찬양을 드리는 자신의 모습을 발견하게 되었다. 표현하기를 다시 태어난 기분이었으며 활짝 열린 문을 통해 천국 그 자체에 들어가는 것 같았다고 했다.

하나님에게 항복당한 이후에 그의 존재는 나에게 실재(實在)가 되었다. 왜냐하면 그의 존재를 부인하는 것이 불가능하게 되었기 때문이다. 이 전에는 믿는 것이 불가능했다. 그러나 항복 당한 이후에는 너무나 확실했다. 혹 피치 못할 사정이 생겨서 그의 존재를 부인하게 된다할지라도 그것은 전적으로 거짓이다. 적어도 내게 있어서는 거짓 증언이다. 분명 하나님은 내 안에 존재하고 계시기 때문이다.

항복조차도 하나님 때문인가?

더불어 하나님이 주시는 안식, 자유, 그리고 행복함이 몰려 왔다. 너무 기뻤다. 그리고 이전에 체험하지 못했던 평안을 느꼈다. 아니, 평안의 포로가 되었다. 너무 기뻐 친구에게 이런 사실을 전했다. "미친놈"이라 했다. 또 다른 친구는 정신 차리라고 했다. 환상이며 망상이라고 했다. 그런데 실상은 그 친구가 세상 신에 미혹된 것임(고후 4:4)을 나중에 알게 되었다. 미친놈이고 정신 차려야 될 사람은 그들이었다. 그들의 눈은 닫혔고 내 눈은 열려져 있기 때문이다. 영안이 열린 것인가? 마치 사울의 눈에 비늘이 떨어져서 다시 보게 된 것(행 9:18)과 같았다. 그날 이후에 지독한 목마름은 사라졌다. 당연히 방황도 끝이 났다. **오랜 길을 돌아서 마침내 나는 하나님에게 돌아온 것이다.** 그 불청객 때문이다. 분명 그렇다. 적어도 내게는 그 불청객 때문이다.

목마름의 고통 중에 있었던 캔터베리의 안셀름이 하나님을 만났다. 너무 기뻤다. 이전에 누릴 수 없었던 안식과 행복을 체험했기 때문이다. 이런 기쁨을 체험하고자 하는 사람들에게 다음과 같은 고전적인 글을 남겼다.

"작은 인간들이여,
일어나 잠깐 동안만이라도 사소한 일상에서 벗어나라!
잠깐 동안이라도 커다란 사념을 떨쳐버려라!
짐스러운 걱정들을 던져버리고 너를 혼란스럽게 하는 것들로부터 거리를 유지하라.
하나님을 위한 시간을 갖고 하나님 안에서 쉬어라! 그리고 하나님에게 말하라.

주님, 제가 당신 얼굴을 찾고 있습니다(시 27:8).
내 주 하나님, 당신을 간절히 갈망하는 내 마음 어디에 그리고 어떻게 당신을 발견할 수 있는지 가르쳐 주십시오.

주님, 당신을 찾도록 가르쳐 주십시오,
당신을 찾는 이에게 당신의 모습을 보여 주십시오,
당신이 가르쳐 주지 않으시면 나는 당신을 찾을 수 없기 때문입니다.
그리고 당신이 나에게 당신의 모습을 보여주지 않으시면 나는 당신을 발견할 수 없기 때문입니다."

어떤가, 그의 제안을 따르는 것은?
특별히 다른 방법이 없다면 말이다. 그러나 이런 심정을 가질 수 있다면 이미 하나님의 은혜를 받을 수 있는 길은 열린 것과 마찬가지다. 아니 이미 은혜가 임했을지도 모른다. 입술의 말들은 누구나 할 수 있지만 진실 된 심정만은 인위적으로 가질 수 없기 때문이다. 그렇다면 이렇게 고백하자. 물론 입술의 고백보다는 마음이 중요하다. 그것도 절실한 마음이다. 어쩌면 애통하는 마음이 되어야 할지 모르겠다. 아니 그마저도 포기된 상태에서 나온 절규가 되어야 할지도 모르겠다. 분명한 것은 자신을 부인할 수 있는 심정이 되어야 한다는 것이다. 자신의 힘으로는 도무지 목마름의 문제를 해결할 수 없다는 심정에서 나온 고백이 되어야 한다. 왜냐하면 문제를 해결하여 주실 수 있는 분은 하나님이기 때문이다. 그것도 유일한 해결사로 믿어야 한다. 그런 심정에서 우리가 할 수 있는 것은 오직 이것뿐이다.

"하나님, 살려주세요, 목이 말라 죽어가고 있습니다!"

후기: 하영과 영진에게!

"정상까지 얼마나 남았어?"
　"몰라, 올라가기 바쁜데 그런 것까지 생각할 시간이 어디 있어?"…

"뭐냐, 기껏 올라 왔는데 아무것도 없잖아!"
　"이 바보야, 조용히 해! 저 밑에서 듣잖아. 다른 애벌레들은 아직 모른단 말이야? 저들이 올라오고 싶어 하는 곳에 우리가 있는 거야."…

"정상에는 아무것도 없다니깐!"
　"단지 아래에서 볼 때만 좋은 것처럼 보이는 것뿐이야!"

그 말은 무시당하였다.
　"샘이 나서 하는 말이야, 틀림없이 정상까지 못 올라갔을 거야!"
　"그게 사실이더라도 그런 말은 하지 마! 그렇다면 도대체 우리가 어떻게 해야 되는데, 달리 어쩔 도리가 없지 않은가?"…

"날 수는 있잖아(But, we can fly)!"
　정상에 올라가려는 것은 본능(instinct)을 잘못 이해했기 때문에 생긴 것임을 뒤늦게 알았다. 정상은 기어 올라가는 것이 아니라 나는(fly) 그 자체이기 때문이다.

　　　　　　　　　　　　　　　　　　　『꽃들에게 희망』 중에서

후기:하영과 영진에게!

채워지지 않는 목마름 때문에 당황한 적이 있다고?
혹 내가 잘못 알고 있는 것은 아닌지 모르겠다. 그러나 목마름에 대한 해답을 찾고자 한다면 이 책은 화두가 될 것이다. 정직하게 우리의 마음을 살펴본다면 마음 깊은 곳에는 무엇인가를 찾고자 하는 목마름, 동경, 그리움 그리고 공허함 등이 있음을 알게 될 것이다. 인간내면의 깊숙한 곳에 존재하는 원형(archtype)의 원초적인 욕구 때문이다.

이런 욕구 현상은 부인할 수 없는 사실(fact)이다.
모든 인간에게 공통적으로 존재하기 때문이다. 다만 그 원형에 대한 표현은 다양하다. 종교학자들마다, 철학자마다, 심리학자마다, 예술을 지향하는 사람마다, 그리고 구도자들마다 각기 다르게 표현한다. 예를 들면 인간의 제 6감, 경이의 감각(sense of wonder), 신 의식(sense of deity), 신적정신(divine spirit), 태생적인 데시데리움(desiderium natural), 집단무의식(collective unconsciousness), 경험의 가장자리(borderlands of experience), 섬세한 감정, 종교적 본성, 불성, 그리고 하나님의 형상 등으로 표현된다. 신경과학자인 앤드류 뉴버그에게 있어서는 인간의 두뇌 속에 심겨진 "영구전자회로(hard-wired)"다.

그런데 그 원형의 배고픔은 목마름으로 나타난다.
혹은 갈망, 동경, 그리고 그리움 등으로 나타난다. 그 목마름의 채워진 상태가 바로 우리가 그토록 원하는 행복이며 안식이다. 그런데 심각한 문제가 있다. 인간의 노력으로도 그 목마름은 채워지지 않기 때문이다. 그래서 플라톤은 인간은 깨진 항아리와 같다고 했으며 프로이드는 인간의 힘으로 해결할 수 없다는 의미로서 "제 6병"이라 불렀다.

그래서 이런 결론을 내린다.
그 목마름은 오직 하나님만이 채워 주실 수 있다는 결론이다. 세상에 존재하는 그 어떤 것으로도 채울 수 없기 때문이다. 오직 하나님만으로 채워 질 수 있다는 확신함을 파스칼의 고백으로 대신한다. **"하나님께서 인간을 만드셨을 때 인간의 영혼에 동공(洞空)을 주셨는데 그 동공은 이 세상의 모든 것으로 채우려 해도 채울 수 없다. 그 자리는 오직 하나님이 들어가셔야만 채워질 수 있다."**

중세의 철학자이며 신학자인 안셀름도 같은 결론을 냈다.

"우리의 갈망은 그 기원이 다름 아니라 하나님께 있으며 오직 하나님에 의해서만 만족될 수 있다."

덧붙일 말도 있다.
목마름의 정체에 대하여 알고 싶다는 것은 대단한 것이다. 대부분의 사람들은 먹고사는 일이 더 중요하다고 생각하기 때문이다. 혹은 대수롭지 않게 생각하거나 심지어 어떠한 사람들은 사치라고 생각한다. 그러나 마리 폰 에브너 에센바흐는 "가련한 사람은 동경(=목마름)을 이루지 못한 사람이 아니라 동경이 무엇인지 모르는 사람이다"라 했다. 그리고는 감히 이런 말을 덧 붙였다. **"동경이 없는 사람은 인생을 모른다."** 그런데 너희들은 알고 있는듯하다. 그래서 이 글을 썼다.

그런데 놀라운 사실이 있다.
아주 중요하다. 목마름을 추구한다는 그 자체가 이미 하나님의 섭리 속에 있다는 것이다. 정확하게 표현하면 하나님의 간섭이다. 그 간섭의 시작됨이다. 어쩌면 프란시스 탐슨의 고백처럼 "천국의 사냥개"로 나타날지도 모르겠다. 앞으로 너희들은 본능적으로 가능한 모든 방법을 통하여 목마름을 해결 하려는 시도를 하게 될 것이다. 왜냐하면 하나님을 통해서만 해결 될 수 있다는 것을 쉽게 믿으려 하지 않기 때문이다. 혹은 이성적으로 납득 될 수 없는 일이라 믿기 때문이다. 그러나 그 결과는 당연히 실패할 것이다. 채우면 채울수록 빈 공간은 더 커지고 가까이 하면 갈수록 점점 더 멀어지는 목마름의 특징을 체험하게 될 것이다. 어쩌면 모든 가능성을 탕진한 후에나 하나님에게 항복하게 될 것이다. 물론 그 보다 빠르게 항복할 수도 있다. 만약 그렇게 된다면 하나님의 은혜를 체험할 수 있는 절호의 기회를 맞이하게 될 것이다.

그러나 조심해야 한다.
프로이드와 같이 불행한 예도 있기 때문이다. 사실 너희도 위험하다. 자신들에 대한 관리가 너무 철저하기 때문이다. 그러나 그것만으로는 부족하다. 자신의 부족함을 느낄 때까지 더 철저하게 자신을 관리해야 한다. 그 이유로 어쩌면 삶의 정상의 자리에 오를 수도 있을 것이다. 그런 후 즉 삶의 정상의 자리에 있을 때 오는 공허함을 통해서, 부처가 말한 제행무상(諸行無常)이 무엇인지도 알게 될 것이다. 머리가 아니라 가슴으로 말이다. 만약 그 때에 "무릎을 꿇게 된 상태"며 "완전히 무방비 상태"가 될 수 있다면 하나님의 임재를 체험할 수 있는 좋은 기회가 될 것이다. 바로 그 순간에 목마름에 대한 갈증이 시원하게 풀릴 수 있기 때문이다. 그 시원함을 경험한 루이스는 "기쁨(Joy)"으로 표현했다. 파스칼에 있어서는 "행복, 평안, 기쁨" 그리고 키에르케고르에게 있어서는 "기쁨과 더불어, 기쁨을 통하여, 기쁨에서, 기쁨 안에서, 기쁨으로 말미암아, 기쁨에 기쁨을 노래함"으로 표현하였다. 모두 하나님을 체험한 결과다. 바라기는 이러한 체험이 너희들에게도 속히 있어 목마름에서 해방되기를 진심으로 원한다.